Integrated Korean Workbook

Beginning 1

SECOND EDITION

Mee-Jeong Park   Joowon Suh   Mary Shin Kim   Sang-Suk Oh   Hangtae Cho

KLEAR Textbooks in Korean Language

© 2010 University of Hawai'i Press
All rights reserved
Printed in the United States of America
15 14 13 12 11 10   6 5 4 3 2 1

This textbook series has been developed by the Korean Language Education and Research
Center (KLEAR) with the support of the Korea Foundation.

ISBN 978-0-8248-3450-0

Illustrations by Sejin Han

Audio files for this volume may be downloaded on the Web in RealAudio or MP3 format at
http://www.kleartextbook.com

A set of accompanying audio CDs for this book is also available for purchase. For more
information, contact:

Order Department
University of Hawai'i Press
2840 Kolowalu Street
Honolulu, Hawaii 96822
Toll free: 888-847-7377
Outside North America: 808-956-8255

Camera-ready copy has been provided by KLEAR.

University of Hawai'i Press books are printed on acid-free
paper and meet the guidelines for permanence and
durability of the Council on Library Resources.

Printed by Data Reproductions Corporation

CONTENTS

INTRODUCTION

Volumes 1 and 2 of this workbook accompany volumes 1 and 2 of *Integrated Korean, Beginning*, second edition, respectively. On a par with the main text, volume 1 of this workbook is composed of activities on Han'gŭl, the Korean alphabet, covering lessons 1 through 8, while volume 2 consists of activities covering lessons 9 through 17.

The most significant difference in the second edition of the workbook reflects the current trend among Korean language learners in U.S. universities. Traditionally, the primary Korean language learners in U.S. universities were students of Korean heritage. Within recent years, however, the number of nonheritage learners has increased and thus, to meet their needs, revising the workbook content appropriately was an immediate necessity. The editors decided to compose new content for the workbook rather than simply to revise the first edition.

While the earlier edition focused on the four language skills individually, the second edition adopts an integrated approach; by encompassing grammar and vocabulary in addition to the four language skills. To maximize learning, fitting for both nonheritage and heritage learners, all areas (vocabulary, expression, grammar, listening, speaking, writing) have been reorganized according to the level of difficulty. Overall, the second edition of the workbook aims to help students learn effectively and in a fun way in a short period of time. Furthermore, starting with simple vocabulary exercises, the new edition of the workbook focuses on integrating grammar and function to develop the types of exercises applicable to modern daily situations. The second edition gives salience to the importance of vocabulary and provides vocabulary exercises through a variety of questions.

Illustrations are used here to replace the mechanically repetitive exercises of the first edition with more cognitively challenging practices. The use of illustrations is believed to be more effective in maximizing the students' concentration and holding their interest.

Whereas the first edition was organized to be used only after each lesson was completed, the second edition consists of pre-, main-, and post-exercises, enabling students to use the workbook simultaneously with the textbook. Daily practice is necessary for language improvement, and this new organization of the workbook will increase the level of efficiency. Exercises are integrated into new lesson points with previously learned grammar and vocabulary. In addition, post-exercises from each lesson include various applications such as task-orientation and information gathering. They are further bolstered by two review lessons—the first includes materials covered in lessons 1 through 4, and the second includes materials covered in lessons 5 through 8.

VOWELS AND CONSONANTS

Vowels: Simple vowels

A. Practice reading and writing simple vowels. The basic stroke order is left to right and top to bottom (→ ↓).

Simple vowels	Writing practice						
ㅏ	ㅏ	ㅏ	ㅏ	아	아	아	아
ㅓ	ㅓ	ㅓ	ㅓ	어	어	어	어
ㅗ	ㅗ	ㅗ	ㅗ	오	오	오	오
ㅜ	ㅜ	ㅜ	ㅜ	우	우	우	우
ㅡ	ㅡ	ㅡ	ㅡ	으	으	으	으
ㅣ	ㅣ	ㅣ	ㅣ	이	이	이	이
ㅐ	ㅐ	ㅐ	ㅐ	애	애	애	애
ㅔ	ㅔ	ㅔ	ㅔ	에	에	에	에

Vowels: Diphthongs

B. Practice reading and writing diphthongs. The basic stroke order is left to right and top to bottom (→ ↓).

Simple vowels	Diphthongs	Writing practice					
ㅏ	ㅑ	ㅑ	ㅑ	ㅑ	야	야	야
ㅓ	ㅕ	ㅕ	ㅕ	ㅕ	여	여	여
ㅗ	ㅛ	ㅛ	ㅛ	ㅛ	요	요	요
ㅜ	ㅠ	ㅠ	ㅠ	ㅠ	유	유	유
ㅐ	ㅒ	ㅒ	ㅒ	ㅒ	얘	얘	얘
ㅔ	ㅖ	ㅖ	ㅖ	ㅖ	예	예	예

C. Listen to each of the vowel sounds and repeat out loud. 🎧

1. 아	2. 어	3. 오	4. 우
5. 으	6. 이	7. 에	8. 애

D. Listen to each of the vowel sounds and repeat out loud. 🎧

1. 아, 야   2. 어, 여   3. 오, 요   4. 우, 유   5. 에, 예   6. 애, 얘

● Vowels: More diphthongs

E. Practice reading and writing diphthongs. The basic stroke order is left to right and top to bottom (→ ↓).

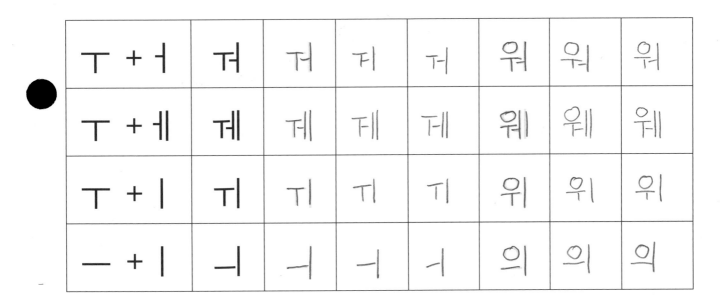

ㅗ + ㅏ	ㅘ	ㅘ	ㅘ	ㅘ	와	와	와
ㅗ + ㅐ	ㅙ	ㅙ	ㅙ	ㅙ	왜	왜	왜
ㅗ + ㅣ	ㅚ	ㅚ	ㅚ	ㅚ	외	외	외

ㅜ + ㅓ	ㅝ	ㅝ	ㅝ	ㅝ	워	워	워
ㅜ + ㅔ	ㅞ	ㅞ	ㅞ	ㅞ	웨	웨	웨
ㅜ + ㅣ	ㅟ	ㅟ	ㅟ	ㅟ	위	위	위
ㅡ + ㅣ	ㅢ	ㅢ	ㅢ	ㅢ	의	의	의

F. Listen to each of the vowel sounds and repeat out loud.

1. 와   2. 왜   3. 외   4. 워   5. 위   6. 의

G. Practice writing all of the vowels.

아	아	아	아	야	야	야	야
어	어	어	어	여	여	여	여
오	오	오	오	요	요	요	요
우	우	우	우	유	유	유	유
애	애	애	애	얘	얘	얘	얘
에	에	에	에	예	예	예	예
와	와	와	와	워	워	워	워
왜	왜	왜	왜	웨	웨	웨	웨
외	외	외	외	위	위	위	위
으	으	으	으	이	이	이	이
의	의	의	의				

● H. Listen carefully and circle the syllable you hear. 🎧

　　1.　(아)　어　　　　　　　　2.　(오)　우

　　3.　이　(으)　　　　　　　　4.　(에)　의

　　5.　야　(여)　　　　　　　　6.　(유)　요

I. Listen carefully and circle the syllable you hear. 🎧

　　1.　(애)　애　　　　　　　　2.　에　(예)

　　3.　(와)　워　　　　　　　　4.　(왜)　예

　　5.　웨　(의)　　　　　　　　6.　외　(위)

J. Listen carefully and complete the syllables with missing vowels. 🎧

1	2	3	4	5
아	오	유	으	이

6	7	8	9	10
워	예 여	위	의	와

K. Listen and write the words you hear. 🎧

　　1.　아 이　　　　　　　　2.　오 이

　　3.　아 우　　　　　　　　4.　우 유

　　5.　여 유　　　　　　　　6.　어 이

Consonants

L. Practice reading and writing consonants. The basic stroke order is left to right and top to bottom (→ ↓).

Consonants	Writing practice						
ㄱ	ㄱ	ㄱ	ㄱ	ㄱ	ㄱ	ㄱ	ㄱ
ㄴ	ㄴ	ㄴ	ㄴ	ㄴ	ㄴ	ㄴ	ㄴ
ㄷ	ㄷ	ㄷ	ㄷ	ㄷ	ㄷ	ㄷ	ㄷ
ㄹ	ㄹ	ㄹ	ㄹ	ㄹ	ㄹ	ㄹ	ㄹ
ㅁ	ㅁ	ㅁ	ㅁ	ㅁ	ㅁ	ㅁ	ㅁ
ㅂ	ㅂ	ㅂ	ㅂ	ㅂ	ㅂ	ㅂ	ㅂ
ㅅ	ㅅ	ㅅ	ㅅ	ㅅ	ㅅ	ㅅ	ㅅ
ㅇ	ㅇ	ㅇ	ㅇ	ㅇ	ㅇ	ㅇ	ㅇ
ㅈ	ㅈ	ㅈ	ㅈ	ㅈ	ㅈ	ㅈ	ㅈ
ㅊ	ㅊ	ㅊ	ㅊ	ㅊ	ㅊ	ㅊ	ㅊ
ㅋ	ㅋ	ㅋ	ㅋ	ㅋ	ㅋ	ㅋ	ㅋ
ㅌ	ㅌ	ㅌ	ㅌ	ㅌ	ㅌ	ㅌ	ㅌ
ㅍ	ㅍ	ㅍ	ㅍ	ㅍ	ㅍ	ㅍ	ㅍ
ㅎ	ㅎ	ㅎ	ㅎ	ㅎ	ㅎ	ㅎ	ㅎ

● **Double consonants**

M. Practice reading and writing double consonants. The basic stroke order is left to right and top to bottom.

Double consonants	Writing practice						
ㄲ	ㄲ	ㄲ	ㄲ	ㄲ	ㄲ	ㄲ	ㄲ
ㄸ	ㄸ	ㄸ	ㄸ	ㄸ	ㄸ	ㄸ	ㄸ
ㅃ	ㅃ	ㅃ	ㅃ	ㅃ	ㅃ	ㅃ	ㅃ
ㅆ	ㅆ	ㅆ	ㅆ	ㅆ	ㅆ	ㅆ	ㅆ
ㅉ	ㅉ	ㅉ	ㅉ	ㅉ	ㅉ	ㅉ	ㅉ

Plain consonants	ㄱ	ㄴ	ㄷ	ㄹ	ㅁ	ㅂ	ㅅ	ㅇ	ㅈ
Aspirated consonants	ㅋ		ㅌ			ㅍ		ㅎ	ㅊ
Tense consonants	ㄲ		ㄸ			ㅃ	ㅆ		ㅉ

N. Practice combining a consonant and a vowel, as shown below. Practice writing and reading out loud.

	ㅏ	ㅑ	ㅓ	ㅕ	ㅗ	ㅛ	ㅜ	ㅠ	ㅡ	ㅣ
ㄱ	가	갸	거	겨	고	교	구	규	그	기
ㄴ	나	냐	너	녀	노	뇨	누	뉴	느	니
ㄷ	다	댜	더	뎌	도	됴	두	듀	드	디
ㄹ	라	랴	러	려	로	료	루	류	르	리
ㅁ	마	먀	머	며	모	묘	무	뮤	므	미
ㅂ	바	뱌	버	벼	보	뵤	부	뷰	브	비
ㅅ	사	샤	서	셔	소	쇼	수	슈	스	시
ㅇ	아	야	어	여	오	요	우	유	으	이
ㅈ	자	쟈	저	져	조	죠	주	쥬	즈	지
ㅊ	차	챠	처	쳐	초	쵸	추	츄	츠	치
ㅋ	카	캬	커	켜	코	쿄	쿠	큐	크	키
ㅌ	타	탸	터	텨	토	툐	투	튜	트	티
ㅍ	파	퍄	퍼	펴	포	표	푸	퓨	프	피
ㅎ	하	햐	허	혀	호	효	후	휴	흐	히

O. After finishing the table, find the following words and circle them.

1. 포크   2. 스시   3.쿠키   4. 버스   5. 초코   6. 주스

● P. Make a copy of this page and cut out the following boxes. Using the cut-out pieces, make syllable blocks of one consonant and one vowel. Practice reading different combinations, as shown in the following example.

Example: ㄱ ㅏ

● * The teacher or your partner can call out different combinations, and the person or the group that makes the fastest combinations wins.

Q. Listen carefully and circle the syllable you hear. 🎧

1.　가　㉠거　기　　　　2.　누　노　㉡느
3.　㉢데　다　도　　　　4.　머　㉣무　미
5.　로　리　㉤래

R. Listen carefully and circle the syllable you hear. 🎧

1.　무　㉠부　푸　　　　2.　히　㉡피　비
3.　카　차　㉢타　　　　4.　㉣호　포　코
5.　저　㉤처　커

S. Listen carefully and circle the syllable you hear. 🎧

1.　㉠고기　거기　　　　2.　너무　㉡나무
3.　㉢비자　자비　　　　4.　㉣스키　키스
5.　㉤모자　㉥무자

T. Listen carefully and complete the syllables with the missing consonants. 🎧

1	2	3	4	5
너	피 비	쳐 셔	차	혀

U. Listen and write the words you hear. 🎧

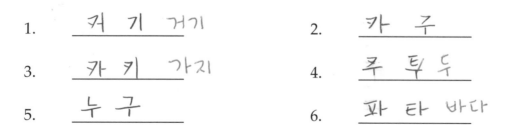

1.　커 기 거기　　　　2.　카 주
3.　카 키 가지　　　　4.　쿠 투 두
5.　누 구　　　　　　6.　파 타 바다

SYLLABLE BLOCKS

A. Practice reading and writing the following words.

Consonant + vowel structure

1. | C | V |

개	가지	시계	아기
개	가지	시계	아기
개	가지	시계	아기
개	가지	시계	아기

2. | C |
    |---|
    | V |

소	구두	주스	우유
소	구두	주스	우유
소	구두	주스	우유
소	구두	주스	우유

3.

C	
V1	V2

귀	왜	돼(지)	웨(이터)
	'why'		
귀	왜	돼 돼(지)	웨(이터)
귀	왜	돼(지]	웨(이터)
귀	왜	돼(지)	웨(이터)

B. Practice reading and writing the following words.

Consonant + vowel + consonant structure

1.

C	V
C	(C)

달	책	김밥	값
			'price'
달	책	김 밥	값
달	책	김 밥	값
달	책	김 밥	값

2.

C
V
C (C)

공	돈	불	흙
			'soil'
공	돈	불	흙
공	돈	불	흙
공	돈	불	흙

3.

C	V
V	
C (C)	

꿩	쉰	왕	봤(어요)
	50		'to see'
꿩	쉰	왕	봤 (어요)
꿩	쉰	왕	봤 (어요)
꿩	쉰	왕	봤 (어요)

C. Listen carefully and circle the word you hear. 🎧

1. (쉬)   죄   2.   회   (최)
3. (간)   강   4.   명   (형)
5. (앞)   옆

D. Listen carefully and circle the word you hear. 🎧

1. (가구)   가수   2. (사과)   사자
3.   의자   (의사)   4. (지게)   시계
5.   사이   (사위)

E. Listen carefully and circle the word you hear. 🎧

1.   가위   (거위)   과외   2. (야자)   여자   야수
3. (여름)   얼음   어른   4.   겨울   (거울)   가을
5. (간장)   공장   곤장

F. Listen carefully and complete the missing syllables. 🎧

1	2	3	4	5
스키	가 쳐 지	야 구	저 기	이 름

G. Listen carefully and write the word you hear. 🎧

1. 아 커 기   2. 파 밥   3. 왕 간
4. 쵸 소   5. 풀 불 ᅦ   6. 장 찬

H. Practice reading and writing the consonant names.

$$ ㄴ + \boxed{ㅣ|으} = \boxed{니|은} $$

Consonants	Names	Writing practice			
ㄱ	기역	기역	기역	기역	기역
ㄴ	니은	니은	니은	니은	니은
ㄷ	디귿	디귿	디귿	디귿	디귿
ㄹ	리을	리을	리을	리을	리을
ㅁ	미음	미음	미음	미음	미음
ㅂ	비읍	비읍	비읍	비읍	비읍
ㅅ	시옷	시옷	시옷	시옷	시옷
ㅇ	이응	이응	이응	이응	이응
ㅈ	지읒	지읒	지읒	지읒	지읒
ㅊ	치읓	치읓	치읓	치읓	치읓
ㅋ	키읔	키읔	키읔	키읔	키읔
ㅌ	티읕	티읕	티읕	티읕	티읕
ㅍ	피읖	피읖	피읖	피읖	피읖
ㅎ	히읗	히읗	히읗	히읗	히읗

I. Write all the combinations you can make with the following consonants and vowels, as in 1.

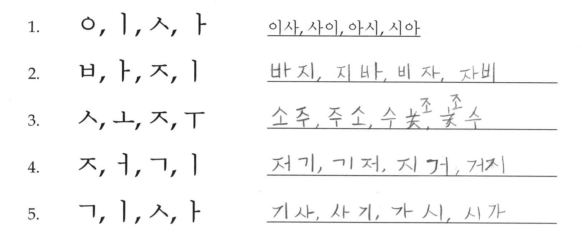

1. ㅇ, ㅣ, ㅅ, ㅏ   이사, 사이, 아시, 시아

2. ㅂ, ㅏ, ㅈ, ㅣ   바지, 지바, 비자, 자비

3. ㅅ, ㅗ, ㅈ, ㅜ   소주, 주소, 수조, 조수

4. ㅈ, ㅓ, ㄱ, ㅣ   저기, 기저, 지거, 거지

5. ㄱ, ㅣ, ㅅ, ㅏ   기사, 사기, 가시, 시가

J. **Tongue twisters**: Practice reading the following sentences. Compete with your classmates to see who can read the sentences fastest and clearest.

1. 간장 공장 공장장은 강 공장장이고 된장 공장 공장장은 장 공장장이다.
   The manager of the soy sauce factory is Manager Kang, and the manager of the soybean paste factory is Manager Jang.

2. 내가 그린 기린 그림은 잘 그린 기린 그림이고 네가 그린 기린 그림은 잘못 그린 기린 그림이다.
   The picture I drew is a well-drawn giraffe picture, and the picture you drew is not a well-drawn giraffe picture.

3. 김서방네 지붕위에 콩깍지가 깐 콩깍지냐 안 깐 콩깍지냐?
   Is the bean pod on Mr. Kim's roof a peeled bean pod or an unpeeled bean pod?

4. 앞뜰에 있는 말뚝이 말 맬 말뚝이냐 말 안 맬 말뚝이냐?
   Is the stake in the front yard for tethering a horse or for not tethering a horse?

5. 저기 계신 저 분이 박 법학박사이시고 여기 계신 이 분이 백 법학박사이시다.
   The person over there is Dr. Park with a law degree, and the person here is Dr. Beak with a law degree.

● Plain, aspirated, and tense consonants

K. Practice reading and writing the following words to help distinguish plain, aspirated, and tense consonants.

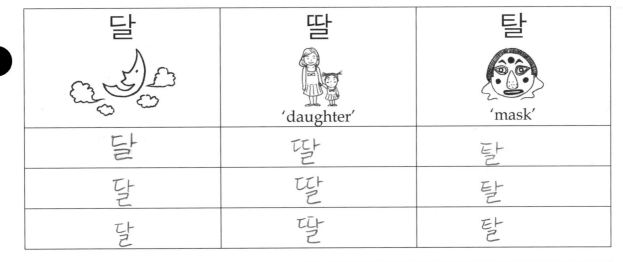

공	꽁(꽁 얼다)	콩
	'to freeze solid'	
공	꽁 (꽁 얼 다)	콩
공	꽁 (꽁 얼 다)	콩
풍	꽁 (꽁 얼 다)	콩

달	딸	탈
	'daughter'	'mask'
달	딸	탈
달	딸	탈
달	딸	탈

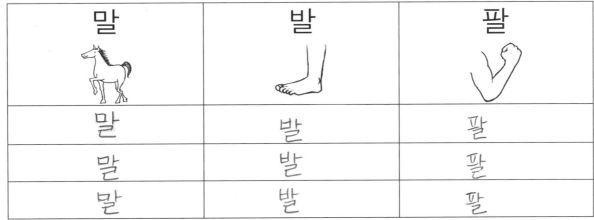

말	발	팔
말	발	팔
말	발	팔
말	발	팔

불	뿔	풀
	'horn'	
불	뿔	풀
불	뿔	풀
불	뿔	풀

자다	짜다	차다
	'to be salty'	'to kick'
자다	짜다	차다
자다	짜다	차다
자다	짜다	차다

L. Listen carefully and circle the word you hear. 🎧

1. (불)　　풀　　뿔
2. 달　　탈　　(딸)
3. 말　　(발)　　(팔)
4. 공　　(콩)　　꽁
5. (살)　　(쌀)　　잘

M. Listen carefully and circle the word you hear. 🎧

1. (사다)　　싸다
2. (끄다)　　크다
3. 개다　　(캐다)　　깨다
4. (자다)　　차다　　짜다
5. 기름　　(시름)　　(씨름)

N. Listen carefully and complete the syllables with missing consonants or vowels. 🎧

1	2	3	4	5
미	비	피	개	깨

O. Listen carefully and write the word you hear. 🎧

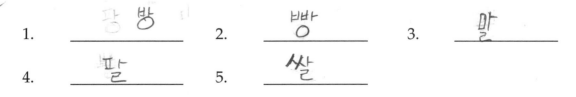

1. ＿＿＿＿＿＿　2. ＿＿＿＿＿＿　3. ＿＿＿＿＿＿
4. ＿＿＿＿＿＿　5. ＿＿＿＿＿＿

Loanwords

P. Read the following loanwords and connect with the corresponding pictures.

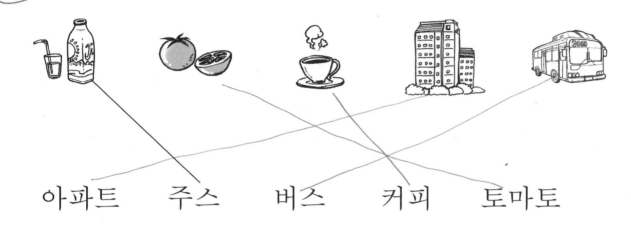

아파트   주스   버스   커피   토마토

Q. Practice reading and writing the following loanwords.

바나나	피자	케이크	햄버거
바나나	피자	케이크	햄버거
바나나	피자	케이크	햄버거
바나나	파자	케이크	햄버거

오렌지	체리	키위	파인애플
오렌지	체리	키위	파인애플
오렌지	체리	키위	파인애플
오렌지	체리	키위	파인애플

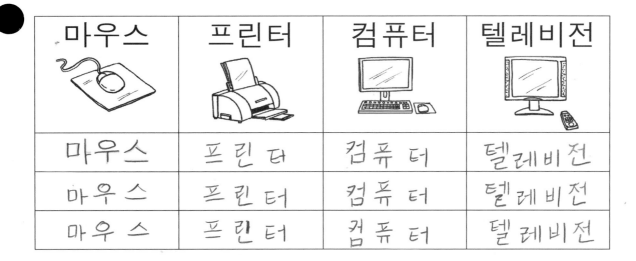

마우스	프린터	컴퓨터	텔레비전
마우스	프린터	컴퓨터	텔레비전
마우스	프린터	컴퓨터	텔레비전
마우스	프린터	컴퓨터	텔레비전

아메리카	캐나다	프랑스	멕시코
아메리카	캐나다	프랑스	멕시코
아메리카	캐나다	프랑스	멕시코
아메리카	캐나다	프랑스	멕시코

R. Listen carefully and fill in the blanks. 🎧

1. 하<u>와</u>이
2. 캐<u>나</u>다
3. <u>뉴</u>욕
4. 워싱<u>턴</u>
5. 베트<u>남</u>
6. 뉴<u>스</u>
7. <u>햄</u> <u>버</u> <u>거</u>
8. <u>프</u> <u>린</u> <u>터</u>
9. <u>아</u> <u>이</u> <u>스</u> <u>크</u> <u>림</u>
10. <u>스</u> <u>트</u> 레 <u>쓰</u> 스

S. Complete the following loanword objects in Korean.

1. 소 파

3. 컴 퓨 터

2. 슬 리 퍼

4. 텔 레 비 전

5. 램 프

T. Write the following loanwords in Korean.

1.	coffee	커피	2.	Chicago	시카고
3.	Russia	러시아	4.	taxi	택시
5.	shopping	쇼핑	6.	Mexico	멕시코

U. Write your name in Korean.

Examples: Yoojin Kim   (김유진)
             Sandy Wang   (샌디 왕)
             Michael Smith (마이클 스미스)

Your name: _Min Yang (민정)_

10/10

Useful Expressions

V. Practice reading and writing the following expressions.

고	맙	습	니	다	.
고	맙	습	니	다	.
고	맙	습	니	다	.
고	맙	습	니	다	.
고	맙	습	나	다	.
죄	송	합	니	다	.
죄	송	합	니	다	.
죄	송	합	니	다	.
죄	송	합	니	다	.
죄	송	합	니	다	.
실	례	합	니	다	.
실	례	합	니	다	.
실	례	합	니	다	.
실	례	합	니	다	.
실	례	합	니	다	.

Hi /
How are you?

안	녕	하	세	요	?
안	녕	하	세	요	?
안	녕	하	세	요	?
안	녕	하	세	요	?
안	녕	하	세	요	?

It is nice to meet you.

반	갑	습	니	다	.
반	갑	습	니	다	.
반	갑	습	니	다	,
반	갑	습	니	다	.
반	갑	습	니	다	.

Bye /
Go in peace.

안	녕	히	가	세	요.
안	녕	히	가	세	요.
안	녕	히	가	세	요.
안	녕	히	가	세	요.
안	녕	히	가	세	요.

W. Practice reading and writing the following words.

	아기	가방	하나
ㅏ			1
	아기	가방	하나
	아기	가방	하나
	아기	가방	하나

	어머니	머리	선물
ㅓ			
	어머니	머리	선물
	어머니	머리	선물
	어머니	머리	선물

	오이	옷	손
ㅗ			
	오이	옷	손
	오이	옷	손
	오이	옷	손

	우유	우산	풀
ㅜ			
	우유	우산	풀
	우유	우산	풀
	우유	우산	풀

	은행	그네	크리스마스
ㅡ			
	은행	그 네	크리스마스
	은 행	그네	크리스마스
	은 행	그네	크리스마스

	입	지도	치마
ㅣ			
	입	지도	치마
	입	지도	치마
	입	지도	치마

ㅐ	배	새	해
	배	새	해
	배	새	해
	배	새	해

ㅔ	게	세수	펭귄
	게	세수	펭귄
	게	세수	펭귄
	게	세수	펭귄

ㅑ	야구	약	샤워
	야구	약	샤워
	야구	약	샤워
	야구	약	샤워

ㅕ	여우	연필	병
	여우	연필	병
	여우	연필	병
	여우	연필	병

ㅛ	요정	공룡	우표
	요정	공룡	우표
	요정	공룡	우표
	요정	공룡	우표

ㅠ	유월 'June'	굴	뉴스
	유월	굴	뉴스
	유월	굴	뉴스
	유월	굴	뉴스

ㅒ	얘기해요
	얘기해요
	얘기해요
	얘기해 요

ㅖ	예복	계란	시계
	예복	계란	시계
	예복	계란	시계
	예복	계란	시계

ㅘ	왕	사과	도서관
	왕	사과	도서관
	왕	사과	도서관
	왕	사과	도서관

ᅫ	왜 'why'	돼지
	왜	돼지
	왜	돼지
	왜	돼지

ᅬ	뇌	열쇠	죄 'crime'
	뇌	열쇠	죄
	뇌	열쇠	죄
	뇌	열쇠	죄

ᅯ	원	월요일 'Monday'	권투
	원	월요일	권투
	원	월요일	권투
	원	월요일	권투

ㅞ	웨이터	궤도
		'orbit'
	웨이터	궤도
	웨이터	궤도
	웨이터	궤도

ㅟ	가위	귀	쥐
	가위	귀	쥐
	가위	귀	쥐
	가위	귀	쥐

ㅢ	의사	의자	흰색
			'white color'
	의사	의자	흰⟮흰⟯색
	의사	의자	⟮흰⟯색
	의사	의자	⟮흰⟯색

Vocabulary by theme

X. Practice reading and writing the following words:

1. 야채 (Vegetables)

가지	감자	당근	버섯
가지	감자	당근	버섯
가지	감자	당근	버섯
가지	감자	당근	버섯

상추	양파	파	호박
상추	양파	파	호박
상추	양파	파	호박
상추	양파	파	호박

2. 물건 (Objects)

달력	볼펜	시계	연필	책상
달력	볼펜	시계 계	연필	책상
달력	볼펜	시계	연필	책상
달력	볼펜	시계	연필	책상

3. 직업 (Occupations)

가수	과학자	선생님	수영 선수
가수	과학자	선생닝	수영 선수
가수	과학자	선생닝	수영 선수
가수	과학자	선생닝	수영 선수

요리사	음악가	의사	화가
요리사	음악가	의사	화 가
요리사	음악가	의사	화 가
요리사	음악 가	의사	화 가

4. 스포츠 (Sports)

농구	배구	야구	축구
농구	배구	야구	축 구
농 구	배구	야구	주 구
농 구	배구	야구	축 구

골프	스키	태권도	테니스
골프	스키	태권도	테니스
골 프	스키	태권도	테니스
골 프	스키	태권도	테니스

HOW TO USE DICTIONARIES

A. Dictionaries are organized by the first consonant, middle vowel, and final consonant.

어머니: ㅇ + ㅓ, ㅁ + ㅓ, ㄴ + ㅣ
한국어: ㅎ + ㅏ + ㄴ, ㄱ + ㅜ + ㄱ, ㅇ + ㅓ

B. The table below shows the order of the consonants and vowels.

1. Consonants:

ㄱ, ㄲ, ㄴ, ㄷ, ㄸ, ㄹ, ㅁ, ㅂ, ㅃ, ㅅ, ㅆ, ㅇ, ㅈ, ㅉ, ㅊ, ㅋ, ㅌ, ㅍ, ㅎ

2. Vowels:

ㅏ, ㅐ, ㅑ, ㅒ, ㅓ, ㅔ, ㅕ, ㅖ, ㅗ, ㅘ, ㅙ, ㅚ, ㅛ, ㅜ, ㅝ, ㅞ, ㅟ, ㅠ, ㅡ, ㅢ, ㅣ

C. Rank the words in dictionary order.

가방	책	의자	컴퓨터	시계
1	4	3	5	2

가족	형	언니	누나	동생
1	5	4	2	3

우유	연필	야구	오이	원
4	2	1	3	5

병원	빵	비행기	백화점	바람
3	5	4	2	1

D. Use the dictionary to find the meaning of the following words.

고양이: cat   사자: lion   코끼리: elephant   토끼: rabit   하마: hippopotams
다리: leg   손: hand   눈: eye   입: mouse   어깨: shoulder

Typing practice

E. Practice typing Korean alphabets on your keyboard.

F. Practice reading and typing the following words and sentences.

1. 마크	1. 아버지, 어머니
2. 스프	2. 기차, 자동차,
3. 스트레스	3. 나가다, 나오다
4. 카메라	4. 덥다, 춥다
5. 라디오	5. 더워요, 추워요
6. 비디오	6. 쌀, 국, 반찬
7. 드레스	7. 닭, 흙
8. 바나나	8. 많다, 읽다, 얇다
9. 러시아	9. 달, 딸, 탈
10. 오페라	10. 불, 뿔, 풀
11. 도쿄	11. 안녕하세요?
12. 뉴질랜드	12. 만나서 반갑습니다.
13. 플로리다	13. 처음 뵙겠습니다.
14. 라스베가스	14. 저는 한국어 학생이에요.
15. 샌프란시스코	15. 저는 미국 사람이에요.

1과 인사 [Greetings]

CONVERSATION 1	저는 스티브 윌슨이에요.

A. Find the three-digit numbers you hear and write the corresponding number in the box.

2	432	1	113	3	241
4	312	6	221	5	213

B. Find the words you hear and write the corresponding number in the box.

유미	마이클	3학년	인사	사람	미국	4학년	스티브	학생	한국
6	2	7	1	9	4	10	5	3	8

C. Find the words you hear and write the corresponding number in the box.

3	Lesson 4	1	a college student	5	Hello.
4	It's me.	6	a sophomore	2	a freshman

D. Select two semantically related words from the right box and write them in the corresponding boxes for each category.

Person	Place	Number	
사람	한국	삼	삼, 사람, 한국, 미국, 일, 학생
학생	미국	일	

E. Try to guess the meaning of the boldfaced syllables in the nouns below.

미국	국:	country
한국		

1 과	과:	lesson
2 과		

F. Use the appropriate form of the topic particle 은/는 for the following names.

유미	는
엘렌	은
스티브	는

폴	은
지나	는
톰	은

잭	은
줄리	는
데니	는

G. Use the appropriate form of the copula 이에요/예요 'to be' for the following names.

유미	예요.
엘렌	이에요.
스티브	예요.
폴	이에요.

지나	예요.
톰	이에요.
잭	이에요.
줄리	예요.

H. Listen to the sentences and write down each person's identity in the box in English.

소피아	마이클	유미	스티브
4	2	1	3

I. Create sentences using the two nouns provided as in 1.

		Topic	Comment
1.	마이클 / 한국 사람	마이클은	한국 사람이에요.
2.	스티브 / 대학생	스티브는	대학생 이에요.
3.	엘렌 / 2 학년	엘렌 은	2학년 이에요.
4.	저 / 김유미	저 는	김유미 예요.

J. Create sentences using the equation expression [N1 은/는 N2 이에요/예요].

1. N1 = I / N2 = Steve   저는 스티브예요.

2. N1 = Michael / N2 = sophomore   마이클 은 2학년 이에요.

3. N1 = I / N2 = Sophia   저 는 소피아 예요.

4. N1 = Tom / N2 = freshman   톰 은 1학년이에요.

K. Circle the appropriate particle in each [   ].

1. 소피아[은/는, 도] 2 학년이에요.
   유미[은/는, 도] 1 학년이에요.
   마이클[은/는, 도] 1 학년이에요.

2. 폴[은/는, 도] 미국 사람이에요.
   스티브[은/는, 도] 미국 사람이에요.
   유미[은/는, 도] 한국 사람이에요.

L. Cross out redundant elements if necessary.

1.   스티브: 안녕하세요?

저는 스티브 윌슨이에요.

~~저는~~ 3 학년이에요.

2.   소피아: 안녕하세요?

저는소피아예요.

~~저는~~ 2 학년이에요.

톰: 저는 톰이에요.

저도 2 학년이에요.

3.   유미: 마이클은 대학생이에요.

~~마이클은~~ 1 학년이에요.

~~마이클은~~ 한국 사람이에요.

4.   마이클: 저는 1 학년이에요.

유미: 저는 3 학년이에요.

M. You've just met another member of the campus club you recently joined. Using the English expressions as a guideline, exchange greetings in Korean through the instant messenger below.

A	Hello.	안녕하세요.
B	Hi.	안녕하세요.
A	My name is Linda.	저는 린다예요.
B	I'm Susan.	저는 수잔이에요.
A	I'm a freshman.	1학년이에요.
B	I'm a freshman, too.	저도 1학년이에요.
A		
B		
A		
B		

10/10

CONVERSATION 2	한국 사람이에요?

A. Find the words you hear and write the corresponding number in the box. 🎧

한국어	선생님	네	이름	클래스	중국	뭐	영어
4	5	1	7	2	8	6	3

B. Find the words you hear and write the corresponding number in the box. 🎧

4	Oh, really?		1	I'm Korean.		5	Glad to meet you.
6	Yes.		3	No.		2	What is it?

C. Choose a word from below and write it beneath the corresponding image.

~~멕시코~~ 미국 브라질 스위스 스페인 영국 일본 중국 캐나다 한국

한국	미국	영국	중국	스위스

캐나다	멕시코	브라질	일본	스페인

D. Given the English glosses at the bottom, complete the words in the boxes by attaching a word or a prefix.

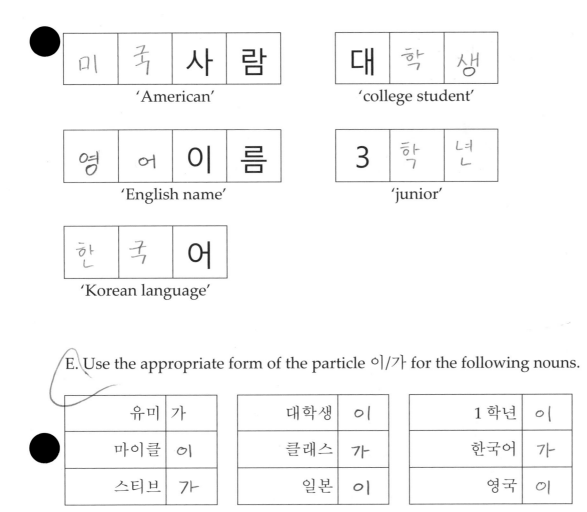

미	국	사	람

'American'

대	학	생

'college student'

영	어	이	름

'English name'

3	학	년

'junior'

한	국	어

'Korean language'

E. Use the appropriate form of the particle 이/가 for the following nouns.

유미	가
마이클	이
스티브	가

대학생	이
클래스	가
일본	이

1학년	이
한국어	가
영국	이

F. Create sentences using the negative equation expression [N1 은/는 N2 이/가 아니에요].

1.   N1 = Steve / N2 = junior

     <u>스티브는 3학년이 아니에요</u>.

2.   N1 = I / N2 = Yumi

     <u>저는 유미가 아니에요</u>.

3.   N1 = Tom / N2 = Korean

     <u>톰는 한국 사람이 아니에요</u>.
         은

4.   N1 = Michael / N2 = senior

마이클은 4학년이 아니에요   .

5.   N1 = I / N2 = teacher

저는 선생님이 아니에요.   .

G. Listen carefully and circle the word that correctly represents each person's identity. 🎧

Sophia	Michael	Yumi	Steve

Korean	freshman	Korean	freshman
American	sophomore	American	sophomore
Chinese	junior	Chinese	junior
Japanese	senior	Japanese	senior

H. Fill in the blanks using the particles provided in the box below. Use each particle only once.

이	가	은	는	도

1.   유미__는__ 한국 사람이에요.

2.   마이클__은__ 2학년__이__ 아니에요.

3.   A: 저는 한국 사람이에요.

      B: 저__도__ 한국 사람이에요.

4.   저는 스티브__가__ 아니에요.

I. Each flag below represents the nationality of the respondent. Answer each question using 네 or 아니요 followed by the complete answer.

1. Q: 미국 사람이에요?
   A: <u>아니요, 미국 사람 아니에요. 한국 사람이에요.</u>

2. Q: 한국 사람이에요?
   이 아니에요
   A: <u>아니요, 한국 사람이에요. 캐나다 사람이에요.</u>

3. Q: 미국 사람이에요?
   A: <u>네, 미국 사람이에요.</u>

4. Q: 일본 사람이에요?
   이 아니에요
   A: <u>아니요, 일본 사람이에요. 영국 사람이에요.</u>

5. Q: 중국 사람이에요?
   A: <u>네, 중국 사람이에요.</u>

6. Q: 영국 사람이에요?
   A: <u>아니요, 영국 사람이에요. 일본 사람이에요.</u>
   이 아니에요

J. In the box below each person's name, write down how you would address them in Korean to get their attention.

Professor Lee	Sophia	Eddie	Ellen	a classmate
선생님	소피아 씨	에디 씨	엘렌 씨	학생

K. Listen carefully and find out who's who. Connect each person with the corresponding box below. 🎧

Yumi	Michael	Sophia	Eddie	Steve	Ellen	Bill

freshman	sophomore	junior	senior	non-college student	non-Japanese	English

L. Describe the people based on the information provided below their pictures. Create three sentences per person using at least four words provided in the respective box. Use both [N1 은/는 N2 이에요/예요] and [N1 은/는 N2 이/가 아니에요].

	Yumi
Korean freshman	1. 유미는 영국 사람이 아니에요. 2. 한국 사람이에요. 3. 2 학년이 아니에요. words: 미국, 사람, 영국, 2 학년, 1 학년, 중국, 한국
American senior	Michael 1. 마이클은 선생님이 아니에요. 2. 학생 이에요. 3. 미국 사람 이에요. words: 미국, 사람, 일본, 4 학년, 3 학년, 선생님, 학생

Chinese sophomore	Sophia 1. 소피아는 미국 사람이 아니에요. 2. 영국 사람이에요. 3. 1학년이에요. words: 미국, 사람, 영국, 2학년, 1학년, 중국, 한국
English senior	Bill 1. 빌은 3학년아 아니에요. 2. 멕시코사국이 아니에요. 3. 미국 사람이에요. words: 사람, 미국, 4학년, 3학년, 선생님, 멕시코, 학생

M. Fill in the blanks with appropriate expressions based on the given responses.

1. A: 안녕하세요?

   B: 네, 안녕하세요?

2. A: 1학년이에요ㅣㅣㅣㅣㅣㅣㅣㅣㅣㅣㅣㅣㅣ?

   B: 아니요, 저는 1학년 아니에요. 3학년이에요.

3. A: 저는 2학년이에요ㅣㅣㅣㅣㅣㅣㅣㅣㅣㅣㅣㅣ.

   B: 아, 그래요? 저도 2학년이에요.

4. A: 중국 사람이에요ㅣㅣㅣㅣㅣㅣㅣㅣㅣㅣㅣㅣ?

   B: 아니요, 저는 일본 사람이에요.

5. A: '유미'는 일본 이름이에요ㅣㅣㅣㅣㅣㅣㅣㅣㅣㅣ?

   B: 아니요, '유미'는 한국 이름이에요.

WRAP-UP EXERCISES

A. Insert the missing vowels and consonants to complete the following words.

1.	삼	과		

'lesson 3'

2.	삼	학	년	

'senior'

3.	인	사		

'greeting'

4.	그	래	요	

'Is that so?' (~어요/아요)

5.	영	어		

'English'

6.	반	갑	습	니	다

'to be glad' (dictionary form)

B. Listen to each person's profile and write down the information in the corresponding boxes. 🎧

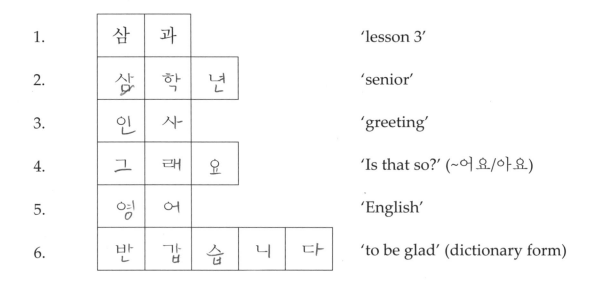

	엘렌	에디	유미	빌
School year	2학년	대 학생(아니에요) 2학년	2학년	2학년
Nationality	일본	미국	영국	미국
ID number	321	423 123	123 224	224 423

● C. Practice writing the following expressions.

대	학	생		한	국		일	본	
대	학	생		한	국		일	본	

중	국		선	생	님		클	래	스
중	국		선	생	님		클	래	스

안	녕	하	세	요	?				
안	녕	하	세	요	?				

●
저	는		스	티	브		윌	슨	이
저	는		스	티	브		윌	슨	이

에	요	.	삼	학	년	이	에	요	.
에	요	.	삼	학	년	이	에	요	.

저	도		삼	학	년	이	에	요	.
저	도		삼	학	년	이	에	요	.

마	이	클		정	이	에	요	.	
마	이	클		정	이	에	요	.	
●

D. Practice writing the following sentences.

이	름	이		뭐	예	요	?		
이	름	이		뭐	여	요	?		

저	는		김	유	미	예	요	.	
저	는		김	유	미	여	요	.	

저	도		일	학	년	이	에	요	.
저	도		일	학	년	이	에	요	,

반	갑	습	니	다	.				
반	갑	습	니	다	.				

영	국		사	람	이	에	요	?	
영	국		사	람	이	에	요	?	

아	니	요	,	저	는		영	국	
아	니	요	,	저	는		영	국	

사	람		아	니	에	요	.		
사	람		아	니	에	요	.		

E. Create short dialogues in Korean between the people in the boxes on the suggested topics.

1. Exchange greetings and find out each other's name.

Yumi	유미: 안녕하세요? 마이클: 안녕하세요? 유미: 저는 김유미예요. 이름이 <u>뭐예요</u> ? 마이클: 내 이름은 마이클 여요. 유미: '마이클' 영어 이름이에요 마이클: 네, 영어 이름이에요	Michael

2. Exchange names and confirm each other's school year.

Sophia	소피아: 안녕하세요? 저는 소피아 왕이에요. 스티브: 네, 안녕하세요? 저는 스티브예요. 소피아: 1학년이여요? 스티브: 아니요, 저는 1학년 아니에요. 소피아: 저는 3학년이에요. 스티브: 아, 그래요? 저도 3학년이에요	Steve

3. Exchange names and nationality.

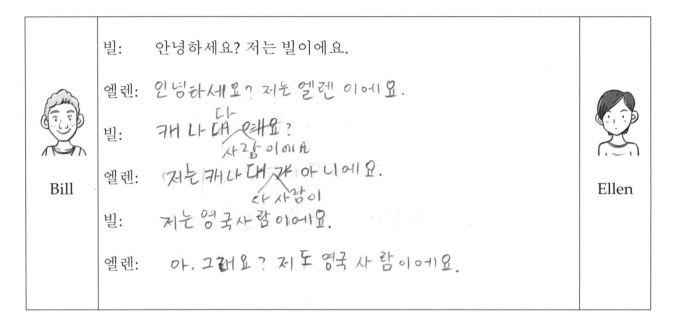

빌: 안녕하세요? 저는 빌이에요.

엘렌: 안녕하세요? 저는 엘렌 이에요.

빌: 캐나다 ~다~ 에요?

엘렌: 저는 캐나다 ~사람이에요~ ~사람이~ 아니에요.

빌: 저는 영국사람 이에요.

엘렌: 아, 그래요? 저도 영국 사람이에요.

4. Create your own conversation among the three.

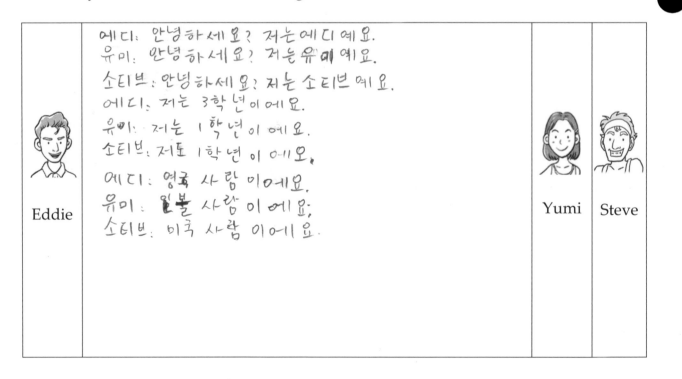

에디: 안녕하세요? 저는 에디 예요.
유미: 안녕하세요? 저는 유미 예요.
소티브: 안녕하세요? 저는 소티브 예요.
에디: 저는 3학년 이에요.
유미: 저는 1학년 이에요.
소티브: 저도 1학년 이에요.
에디: 영국 사람 이에요.
유미: 일본 사람 이에요.
소티브: 미국 사람 이에요.

F. Connect each expression in the left column with the corresponding response in the right column.

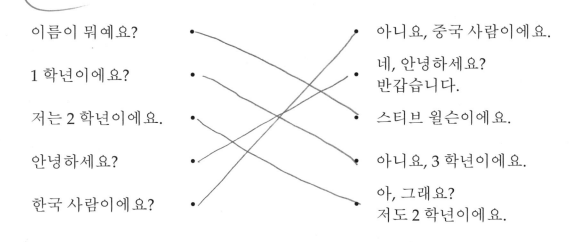

이름이 뭐예요?	아니요, 중국 사람이에요.
1 학년이에요?	네, 안녕하세요? 반갑습니다.
저는 2 학년이에요.	스티브 윌슨이에요.
안녕하세요?	아니요, 3 학년이에요.
한국 사람이에요?	아, 그래요? 저도 2 학년이에요.

G. Listen carefully. Repeat each phrase in each pair of phrases, paying close attention to the differences between the two expressions. One phrase in each pair will be repeated. Circle the phrase you hear.

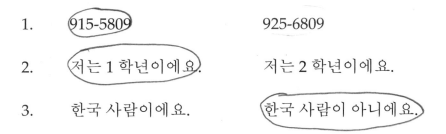

1.   915-5809   925-6809

2.   저는 1 학년이에요.   저는 2 학년이에요.

3.   한국 사람이에요.   한국 사람이 아니에요.

H. Describe the following people using the personal profile provided for each of them. Make sure to use appropriate particles 은/는, 이/가, and the copula 이에요/예요, 아니에요.

	Professor Minsoo Lee Korean a Korean language teacher	1. 이민수 선생님은 한국 사람이에요. 2. 한국어 선생님이에요.

	Ellen Japanese non-college student	3. 엘렌은 일본 사람 이에요. 4. 대학생이 아니에요.
	Bill junior non-American	5. 빌은 3학년 이에요 6. 미국사람이 아니에요.
	Sophia Chinese freshman	7. 소피아는 중국사람 이에요 8. 1학년 이에요
	Eddie English a student in Korean class	9. 에디는 영국사람 이에요 10. 한국어 클래스 학생 이에요

I. Translate the following expressions into Korean.

1.   Linda is also a freshman.

린다도 1학년 이에요   .

2.   Are you a college student?

대학생 이에요?   ?

3.   Glad to meet you.

반갑습니다 / 반갑다   .

4.   Steve Wilson is not Chinese either.

스티브윈슨도   중국 사람이 아니에요   .

5.   What's your name?

이름이 워에요   ?

10/10

● 2과 대학 캠퍼스 [The University Campus]

CONVERSATION 1	유니온 빌딩이 어디 있어요?

A. Match the English words with their Korean counterparts.

front •   • 밑
back •   • 안
side •   • 뒤
top •   • 위
below •   • 앞
inside •   • 옆

● B. Choose the word that best describes each picture and write it below the corresponding picture.

 식당   우체국   도서관   책방   기숙사   학교

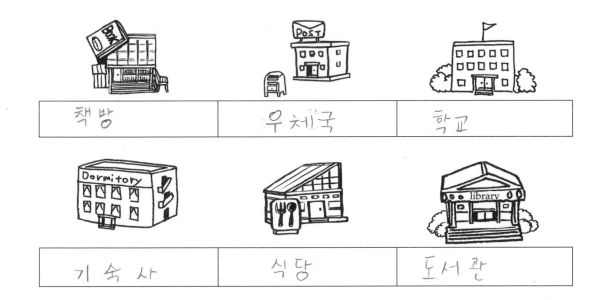

책방	우체국	학교

기숙사	식당	도서관

C. Find the picture that corresponds to each word you hear and write its number and the word in the appropriate box. 🎧

| 4 책상 | 3 시계 | 1 가방 | 5 책 | 2 의자 |

D. Connect the words in the left column to the most semantically related words in the right column.

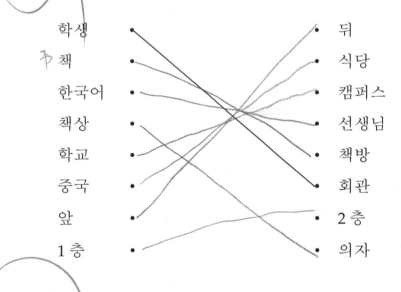

학생   뒤
책   식당
한국어   캠퍼스
책상   선생님
학교   책방
중국   회관
앞   2층
1층   의자

E. Fill in the blanks with either 이 or 가.

1.   이름____이____ 뭐예요?

2.   의자____가____ 책상 뒤에 있어요.

3.   우체국____이____ 어디 있어요?

4.   유미____가____ 도서관에 있어요.

5.   학교 식당____이____ 기숙사 앞에 있어요.

F. Complete the following conversations using the particle 은 or 는.

1.   A: 저어, 학교 책방이 어디 있어요?

   B: 도서관 옆에 있어요.

   A: 도서관 __은__ 어디 있어요?

   B: 도서관 __은__ 우체국 앞에 있어요.

2.   A: 책이 어디 있어요?

   B: 책상 위에 있어요.

   A: 의자__는__ 어디 있어요?

   B: 의자 __는__ 책상 뒤에 있어요.

3.   A: 책상 밑에 뭐가 있어요?

   B: 가방이 있어요.

   A: 가방 안에__는__ 뭐가 있어요?

   B: 가방 안에__는__ 책이 있어요.

4.   A: 마이클이 어디 있어요?

   B: 학생회관에 있어요.

   A: 폴__은__ 어디 있어요?

   B: 폴 __은__ 기숙사에 있어요.

G. Fill in the blanks with the particles provided in the box.

이/가	은/는	도	에

1.   영미__는__ 학생이에요. 마이클__도__ 학생이에요.
   이민수 선생님__은__ 학생__이__ 아니에요.

2.   민지: 학교 식당이 어디 있어요?

스티브: 도서관 뒤에 있어요.

민지: 도서관_이___ 어디 있어요.

스티브: 유니온 빌딩 옆에 있어요.

3.   폴__은___ 3 학년__이___ 아니에요. 2 학년이에요.

영미__도___ 3 학년__이___ 아니에요. 영미___는__ 4 학년이에요.

4.   제니___는__ 미국 사람이에요. 수잔___도___ 미국 사람이에요.

마이클__은__ 한국 사람이에요. 유미__도___ 한국 사람이에요.

5.   리사: 저어, 기숙사__가___ 어디 있어요?

유미: 유니온 빌딩 뒤__에__ 있어요.

리사: 유니온 빌딩__은__ 어디 있어요?

유미: 도서관 옆__에___ 있어요.

H. Translate the following phrases into Korean.

1.   on top of the desk

_____책상   위에_____

2.   behind the chair

___의자   뒤_____

3.   next to the post office

___우체국   옆_____

4.   inside the bag

___가방   안_____

5.   in front of the library

도서관   앞
_____

6.   below the chair

의자   밑
_____

I. Based on the picture provided below, mark the following statements T(rue) or F(alse).

1.   유미는 우진 옆에 있어요. [F]

2.   우진은 민수 앞에 있어요. [T]

3.   유미는 민지 뒤에 있어요. [丌]

4.   민지는 우진 옆에 있어요. [T]

5.   민수는 우진 앞에 있어요. [F]

J. Listen to the conversation between 유미 and 스티브 and answer the following questions in English. 🎧

1.   Where is the bookstore?

The bookstore is in the front of the school cafeteria and *is also* at the side of the union building.

2.   Where is the post office?

The post office is in the student center.

3.   Where is the student center?

The student center is behind the library.

K. Listen to the conversation between 유미 and 스티브 again and fill in the blanks with the appropriate words.

1.   책방은 학교 식당 ____앞____에 있어요.

2.   책방은 _유니온 빌딩_ _옆_____에도 있어요.

3.   _우체국_____은 학생회관 ____안____에 있어요.

4.   학생회관은 _도서관____ ___뒤____에 있어요.

L. Based on the picture given below, answer the following questions using the words 앞/ 뒤/ 옆/ 위/ 밑/ 안.

교실 'classroom'; 창문 'window'

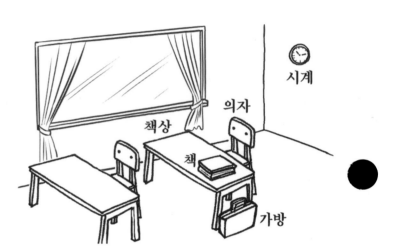

1.   가방은 어디 있어요?
      가방은 책상 옆에 있어요.

2.   책상은 어디 있어요?
      책상은 창문 옆에 있어요.

3.   의자는 어디 있어요? right! ☺
      의자는 시계 앞에 있어요

4.   책은 어디 있어요?
      책은 책상 위에 있어요

5.   교실 안에 뭐가 있어요?
      책상은 교실 안에 있어요

10/10

CONVERSATION 2	학교 식당 음식이 맛있어요.

A. Find each word you hear and write its number in the appropriate box. 🎧

all right	big	go	know	spacious	good	cheap	many
6	2	3	1	4	7	5	8

B. Choose the word that best describes each picture and write it below the corresponding picture.

앉다   가다   맛있다   숙제하다   먹다

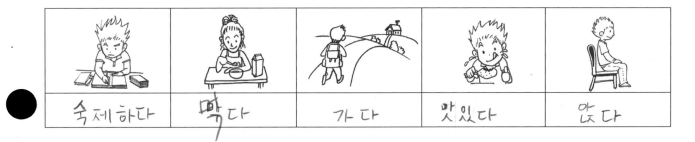

숙제하다	먹다	가다	맛있다	앉다

C. Complete the table below by giving the polite ending for the dictionary form. Also, identify whether each word is a verb (V) or an adjective (A).

Verb	Adjective	Dictionary form	Polite ending
✓	✓	있다	있어요
✓		먹다	먹어요
	✓	넓다	넓어요
✓		앉다	앉아요
	✓	맛있다	맛있어요
	✓	많다	많아요
	✓	좋다	좋아요

		괜찮다	괜찮아요
✓		가다	가요
	✓	싸다	싸요
	✓	크다	커요
✓		하다	해요
✓		숙제하다	숙제해요
✓		알다	알아요
	✓	어떻다	어때요

D. Complete the following sentences using the ADJECTIVES provided in Table C. Use each adjective only once.

1.   캠퍼스가 __넓어요__ .

2.   도서관이 __커요__ .

3.   커피가 __맛있어요__ .

4.   학교 식당 음식이 __어때요__ ?

5.   도서관이 어디 __있어요__ ?

E. Complete the following sentences using the VERBS provided in Table C. Use each verb only once.

1.   아침 __먹어요__ .

2.   한국어 __알아요__ .

3.   리사 씨, 뭐 __해요__ ?

4.   의자에('on') __앉아요__ .

F. Using the polite ending ~어요/아요, fill in the blanks based on the English cues provided.

1. A: 안녕하세요? 뭐 __해요__?
        'do'
   B: 아침 __먹어요__.
        'eat'

2. A: 학교 식당은 __어때요__?
        'how is . . .'
   B: 음식이 아주 __맛있어요__.
        'is delicious'

3. A: 커피가 __어때요__?
        'how is . . .'
   B: 커피가 __괜찮아요__.
        '. . . is all right'

4. A: 리사는 뭐 __해요__?
        'do'
   B: 리사는 __숙제 해요__.
        'do homework'

G. Fill in the blanks as you listen to the conversation between Steve and Lisa.

스티브: 안녕하세요, 리사 씨?
리사: 어, 스티브 씨.

스티브: 뭐 __해요__?

리사: 한국어 __숙제 해요__.

스티브: 한국어 클래스가 __어때요__?

리사: 아주 __좋아요__. 그리고 학생이 참 __많아요__.

스티브: __선생님 도__ 좋아요?

리사: 네, __아주__ 좋아요.

H. Using the words provided in the box below, write down three questions as in 1.
Then ask your partner those questions and write down his or her responses.

| 괜찮다 | 어떻다 | 넓다 | 많다 | 맛있다 | 좋다 | 크다 |
| 있다 | 먹다 | 가다 | 숙제하다 | 앉다 | 알다 | |

1.   Q: 학교 식당이 싸요?
      A: 네, 아주 싸요.

2.   Q: 뭐 해요 _____?
      A: 아침 먹어요 _____.

3.   Q: 커피는 괜찮아요 _____?
      A: 네, 맛있어요 _____.

4.   Q: 한국어 클래스가 어때요 _____?
      A: 아주 좋아요. 그리고 학생이 참 많아요

I. Listen to the questions and write your own responses to them.

1.   네, ____가 요_____.

2.   도서관이 아주 좋아요_____.

3.   학교 식당이 유니온 빌딩 3층에 있어요_____.

4.   우체국은 도서관 뒤에 있어요_____.

5.   네 기숙사는 낡어요_____.

6.   ____책상은 책 있어요_____.
         위에

9.5/10

WRAP-UP EXERCISES

A. Circle the words you hear.

1.	옆에	(앞에)
2.	(가요)	커요
3.	이에요	(있어요)
4.	책방	(책상)
5.	(사층에)	삼층에
6.	(많아요)	앉아요
7.	뒤예요	(뭐예요)
8.	그래요	(그리고)

B. Insert the missing vowels and consonants to complete the following words.

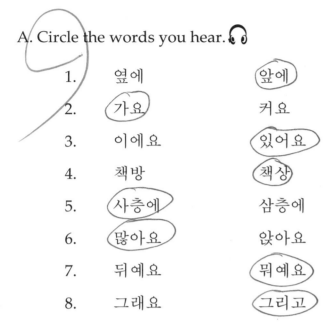

1.	캠	퍼	스		'campus'
2.	앉	아	요		'to sit' (~어요/아요)
3.	아	침			'morning'
4.	알	아	요		'to know' (~어요/아요)
5.	학	생	회	관	'student center'
6.	숙	제	해	요	'to do homework' (~어요/아요)

C. Practice writing the following words and sentences.

대	학	교		캠	퍼	스			
대	학	교		캠	퍼	스			

학	교	식	당	이		학	생	회	관
학	교	식	당	이		학	생	회	관

일	층	에		있	어	요	.		
일	층	에		있	어	요	.		

음	식	이		어	때	요	?		
음	식	이		어	때	요	?		

아	주		맛	있	어	요	.		
아	주		맛	있	어	요	.		

그	리	고		참		싸	요	.	
그	리	고		참		싸	요	.	

커	피	도		괜	찮	아	요	.	
커	피	도		괜	찮	아	요	.	

D. Fill in the blanks as you listen to the passage. 🎧

대학교 캠퍼스가 아주 <u>넓어요</u>. 그리고 빌딩이 참 <u>많아요</u>. 학교 식당은

학생회관 <u>1층에</u> 있어요. 음식이 <u>싸요</u>. 그리고 <u>맛있어요</u>.

학생회관 <u>안에는</u> 우체국도 있어요. 학생회관 <u>옆에는</u> 학교 책방이

있어요. 학교 책방은 참 <u>커요</u>. 그리고 책방 <u>뒤에는</u> 도서관이 있어요.

도서관도 아주 <u>커요</u>.

E. Fill in the blanks with the appropriate particles from the box.

| 이/가   은/는   도   에 |

(1) 대학교 캠퍼스는 아주 커요. (2) 그리고 좋아요. (3) 도서관<u>도</u> 아주 좋아요.

(4) 도서관 앞<u>에</u> 유니온 빌딩<u>이</u> 있어요. (5) 유니온 빌딩 안<u>에</u> 학교

식당<u>이</u> 있어요. (6) 그리고 책방<u>도</u> 있어요. (7) 책방 옆<u>에</u>는 컴퓨터

센터('computer center')<u>가</u> 있어요.

F. Translate the sentences in E into English.

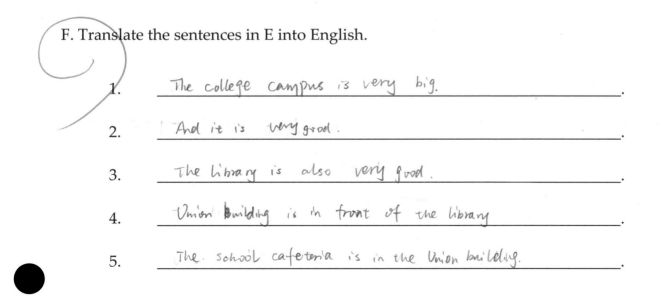

1. <u>The college campus is very big.</u>

2. <u>And it is very good.</u>

3. <u>The library is also very good.</u>

4. <u>Union building is in front of the library</u>

5. <u>The school cafeteria is in the Union building.</u>

6.　_And the bookstore is also in the Union building_____.

7.　_The computer center is ibeside the bookstore_____.

G. Complete the following conversation based on the English cues provided.

유미:　__안녕하세요__, 마크 씨? __뭐_____ 해요?
　　　　　'How are you'　　　　　　'What . . .'

마크:　어, 유미 씨, __아침 먹어요_____.
　　　　　　　　　'I am eating breakfast'

유미:　학교 식당 음식이 __어때요____?
　　　　　　　　　　　'How is . . .'

마크:　__괜찮아요____. 그리고 __싸 요_____.
　　　'It is okay'　　　　　'It is cheap'

유미:　__기숙사 식당 이_____음식은 어때요?
　　　'the dorm cafeteria'

마크:　아주 맛있어요.

유미:　아, 그래요. __기숙사 어디 있어요_____?
　　　　　　　　　'Where is the dorm'

마크:　__도서관 앞에_____ 있어요.
　　　'in front of the library'

H. Using the words provided below, write five sentences about your school campus.

앞/뒤	옆	안	위/밑	학생회관	우체국
기숙사	식당	책방	도서관	있다	많다
좋다	크다	괜찮다	싸다	넓다	

1.　_학교 캠퍼스가 아주 커요._

2.　_책방이 좋 아요_____.

3. 우체국은 도서관 옆에 있어요 _____.

4. 학생회관은 기숙사 안에 있어요 _____.

5. 식당 음식이 싸요 _____.

I. Following the example, ask your partner where these places [도서관; 책방; 우체국; 학교 식당; 기숙사] are on the campus as in the example, and write the location of each place based on your partner's answer. 🗣

Example: A: __도서관__ 이/가 어디 있어요?

            B: __책방__ 앞 / 뒤 / 옆 / 위 / 밑 / 안에 있어요.

1. 도서관은 __책방 앞에 있어요__ _____.

2. __책방은 우체국 옆에 있어요__ _____.

3. 우체국은 학생회관 안에 있어요 _____.

4. 학교 식당은 도서관 안에 있어요 _____.

5. 기숙사는 도서관 뒤에 있어요 _____.

6. _____.

J. Using the words provided below, write five sentences about your Korean language classroom.

앞	뒤	옆	안	위	밑	선생님
책	책상	의자	시계	가방	학생	있다
좋다	크다	괜찮다	싸다	넓다	많다	

1. __한국어 교실은 아주 좋아요.__ _____.

2. __한국어 선생님은 아주 좋아요__ _____.

3.   <u>한국어 책은 팬찮아요</u>.

4.   <u>의자는 책상 뒤에 있어요</u>.

5.   <u>2,</u>.

K. Using the things in your classroom [책상, 의자, 책, 시계, 가방], practice the following conversation with your partner.

A: _____이/가 어디 있어요?

B: _____ 앞 / 뒤 / 옆 / 위 / 밑 / 안에 있어요.

L. Listen to the narration and draw each item around the desk below.

시계/커피

의자

책 가방

M. Translate the following sentences into Korean.

1.   Where is the post office?

    <u>우체국 어디 있어요</u>?

2.   The bookstore is on the fourth floor.

    <u>책상 4층에 있어요</u>.
    책방이

3. The food at the school cafeteria is delicious. And it is cheap.

학교 식당 음식이 맛있어요. 그리고 싸요   .

4. The chair is behind the desk.

의자는 책상 뒤에 있어요   .

5. The college campus is very big. And there are many students.

대학교 캠퍼스는 아주 커요. 그리고 학생이 많아요   .

N. Listen carefully. Repeat each sentence in each pair, paying close attention to the differences between the two expressions. One sentence in each pair will be repeated. Circle the one you hear. 🎧

1. (우체국 앞에 있어요.)   우체국 옆에 있어요.

2. 학교 식당이 어디 있어요?   (학교 식당이 어디예요?)

3. 책방이 어디 있어요?   (책상이 어디 있어요?)

4. (의자 뒤에 있어요.)   의자 위에 있어요.

5. (기숙사가 어디에 있어요?)   기숙사가 뒤에 있어요?

6. 스티브가 커요.   (스티브가 가요.)

7. (한국 식당 음식이 어때요?)   학교 식당 음식이 어때요?

O. Read the following passage and answer the questions in Korean.

한국어 교실은 아주 좋아요. 그리고 넓어요. 교실 안에는 책상, 의자, 칠판, 시계, 창문, 가방, 그리고 책이 있어요. 책상은 칠판 앞에 있어요. 칠판 위에는 시계가 있어요. 시계 옆에 창문이 있어요. 책상 위에는 책이 있어요. 그리고 커피도 있어요. 책상 밑에는 가방이 있어요. 가방 안에 한국어 책이 있어요. 의자는 책상 뒤에 있어요.

(교실 'classroom', 칠판 'blackboard', 창문 'window')

1.　칠판 앞에 뭐가 있어요?
　　<u>칠판 앞에는 책상이 있어요.</u>

2.　창문은 어디 있어요?
　　<u>창문은 시계 옆에 있어요</u>.

3.　책상 위에는 뭐가 있어요?
　　<u>책이 있어요</u>.

4.　한국어 책은 어디 있어요?
　　<u>가방 안에 한국어 책은 있어요</u>.

5.　한국어 교실은 어때요?
　　<u>아주 좋아요 그리고 넓어요</u>.

P. Describe your school campus to a friend who has never seen it.

대학교 캠퍼스는 아주 넓어요. 그리고 학생이 참 많아요. 도서관은 아주 커요. 학교 식당이 유니온 빌딩 안에 있어요. 음식이 맛있어요. 그리고 커피가 좋아요. 책방은 유니온 빌딩에 있어요. 학생회관 유니온 빌딩 뒤에 있어요. 학생회관은 좋아요.

10/10

잘 했어요

2011. 11. 14

조라미션샘님

3과 한국어 수업 [Korean Language Class]

CONVERSATION 1	오늘 수업 있으세요?

A. Write down the words you hear and provide their meanings in the [   ]. 🎧

1. ___내일___ [tomorrow]   2. ___오늘___ [today]

3. ___경제학___ [economics]   4. ___없어요___ [to not be]

5. ___교실___ [classroom]   6. ___교과서___ [textbook]

B. Choose a word from the box and write it below the corresponding picture.

수업 시간 집 친구 여자 우산 질문 사전

1. ___수업___   2. ___친구___   3. ___질문___   4. ___시간___

5. ___우산___   6. ___사전___   7. ___집___   8. ___여자___

C. Listen to the sentences, and circle the forms you hear. 🎧

1.   민지 씨 친구가 [누구/ 누가]예요?

2.   [누가/ 누구] 스티브예요?

3.   저는 책 [읽어요/ 있어요].

4.   오늘 시간이 [있어요/ 없어요].

5.   책이 싸요. [그리고/ 그런데] 재미있어요.

D. Complete the sentences with ALL of the possible predicates from the box.

싸요   넓어요   많아요   좋아요   맛있어요   재미있어요

1.   한국어 수업이   좋아요/ 재미있어요.

2.   한국어 사전이   싸요 /많아요 /좋아요 /   .

3.   교실이   넓어요 / 많아요 / 좋아요   .

4.   커피가   맛있어요/ 싸요 / 좋아요   .

5.   여자 친구가   많아요 / 좋아요 / 재미있어요   .

E. Complete the sentences with either 이다 or 있다 using the the ~어요/아요 form.

1.   민지는 컴퓨터가 _있어요_____.

2.   오늘 수업 _있어요_____?

3.   이름이 뭐 _예요_____?

4.   기숙사가 도서관 옆에 _있어요____.

5.   저는 마이클 정 이 에요_____.

F. Complete the sentences with either 아니다 or 없다 using the ~어요/아요 form.

1. 소피아는 선생님이 아니에요_____. 소피아는 학생이에요.

2. 유미는 오늘 일본어 수업이 ____없어요____. 한국어 수업이 있어요.

3. 이 선생님은 일본어 선생님이 아니에요_____. 한국어 선생님이세요.

4. 민지는 한국어 교과서가 있어요. 한국어 사전은 없어요_____.

5. 오늘은 시간이 _없어요____. 그런데 내일은 시간이 있어요.

G. Listen to the sentences and circle the forms you hear.

1. 민지는 한국 친구가 [있어요 / (없어요)].

2. 스티브 씨, [(시간)/ 사전] 있으세요?

3. 한국어 교과서 [(읽으세요)/ 있으세요]?

4. 교실 안에 [의자 /(여자)]가 많아요.

5. 린다 씨, [집은 /(질문)] 있으세요?

H. Complete the table with the appropriate predicate forms.

Dictionary form	~어요/아요	~(으)세요
앉다	앉아요	앉으세요
읽다	읽어요	읽으세요
있다	있어요	있으세요
없다	없어요	없으세요
크다	커요	커세요

가다	가요	가세요
인사하다	인사해요	인사하세요
선생님이다	선생님이에요	선생님이세요

I. Change the following sentences as in 1.

1. 마크는 한국 사람이에요. → 선생님은 한국 <u>사람이세요</u>.

2. 마크는 키('height')가 커요. → 선생님은 키가 <u>크세요</u>.

3. 마크는 컴퓨터가 없어요. → 선생님은 컴퓨터가 <u>없으세요</u>.

4. 마크는 오늘 수업이 있어요. → 선생님은 오늘 수업이 <u>있으세요</u>.

5. 마크는 책 읽어요. → 선생님은 책 <u>읽으세요</u>.

J. Suppose you are instructing your classmate to do a series of actions. Write the appropriate request forms based on the pictures as in 1.

1. <u>따라 하세요</u>. (Please repeat.)

2. <u>칠판을 보세요</u> _____ (Please look here.)

3. <u>읽어 보세요</u> _____ (Please read [it].)

4. <u>책을 덮으세요</u> _____ (Please close* the book.)
   *덮다 'close, cover'

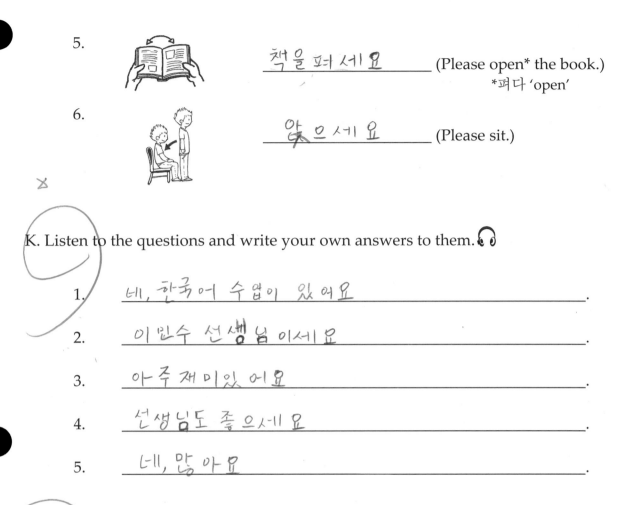

5. 책을 펴세요 _____ (Please open* the book.)

*펴다 'open'

6. 앉으세요 _____ (Please sit.)

K. Listen to the questions and write your own answers to them.

1. 네, 한국어 수업이 있어요 _____.

2. 이민수 선생님이세요 _____.

3. 아주 재미있어요 _____.

4. 선생님도 좋으세요 _____.

5. 네, 맞아요 _____.

L. Listen to the conversation between Jenny and Michael and circle the correct statements.

1. (a) Jenny has Korean class today.
   (b) Jenny has Chinese class today.

2. (a) Michael has one class today.
   (b) Michael has two classes today.

3. (a) Michael takes Korean history.
   (b) Michael takes economics.

4. (a) There is a lot of homework in Korean class.
   (b) There is a lot of homework in Chinese class.

5.   (a)   Kim Minsoo is a Korean language teacher.
      (b)   Kim Minsoo is a Korean history teacher.

M. Look at the pictures and answer the questions.

1.      A: 오늘 수업 있으세요?

                              B: 네. 한국어 수업이 있어요.

2.   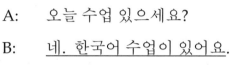   A: 이 사람은 누구예요?

                              B: 선생님이세요

3.      A: 운동장('playground')에 누가 있어요?

                              B: 친구가 운동장에 있어요

4.      A: 김 선생님은 컴퓨터가 있으세요?

                              B: 김 선생님은 컴퓨터가 없어요

5.   A: 마크 씨는 미국 사람이에요?

                              B: 네. 미국사람이에요

6.   A: 스티브는 어디 있어요?

                              B: 스티브는 한국에 있어요

CONVERSATION 2 한국어를 공부해요.

A. Write down the words you hear and provide their meanings in the [   ]. 🎧

1. _____공부_____ [study   ]   2. _____역사_____ [history]

3. _____주스_____ [juice   ]   4. _____남자_____ [man   ]

5. _텔레비전_ [television]   6. _____시험_____ [test   ]

B. Find each word you hear and write its number in the appropriate box. 🎧

diligently	now	these days	how	then	every day	well
5	6	7	2	4	1	3

C. Select a noun from the box and write it in the appropriate blank.

시험   숙제   주스   텔레비전   역사책

1. 저는 _____주스_____를 마셔요.

2. 오늘 경제학 _____시험_____이 있어요.

3. _____역사책_____을 읽어요.

4. 한국 역사 수업은 _____숙제_____가 많아요.

5. _텔레비전_ 을 봐요.

D. Fill in the blanks with appropriate adverbs.

1.   요즘 ____어때요____ (how) 지내세요?

2.   ____잘_____ (well) 지내요.

3.   ____지금_____ (now) 뭐 하세요?

4.   ____열심히____ (diligently) 공부해요.

5.   ____매일____ (every day) 텔레비전 봐요.

6.   ____그럼____ (then), 시험 잘 보세요.

E. Fill in the blanks with either 그래서 (so) or 그런데 (but).

1.   오늘은 수업이 많아요. ____그런데____ 내일은 수업이 없어요.

2.   오늘 숙제가 많아요. ____그래서____ 지금 도서관에 가요.

3.   한국어 수업이 재미있어요. ____그래서____ 한국어를 열심히 공부해요.

4.   김 선생님은 오늘 시간이 있으세요. ____그런데____ 이 선생님은 시간이 없으세요.

F. Fill in the blanks with either 을 or 를.

1.   교과서__를____   2.   아침__을____

3.   경제학__을____   4.   주스__를____

5.   친구__를____   6.   시험__을____

G. Complete the phrases in F with the most appropriate verbs from the box below. Use each verb only once.

공부해요   마셔요   만나요   먹어요   봐요   읽어요

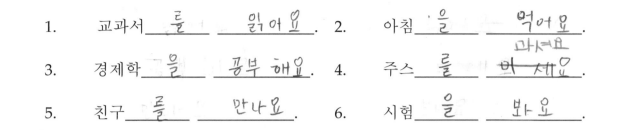

1. 교과서__를__ __읽어요__.
2. 아침__을__ __먹어요__.
3. 경제학__을__ __공부 해요__.
4. 주스__를__ __마셔요__.
5. 친구__를__ __만나요__.
6. 시험__을__ __봐요__.

H. Match each phrase in the left column with a predicate in the right column.

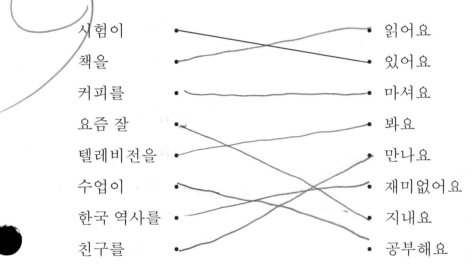

시험이   읽어요
책을   있어요
커피를   마셔요
요즘 잘   봐요
텔레비전을   만나요
수업이   재미없어요
한국 역사를   지내요
친구를   공부해요

I. Fill in the blanks with the appropriate particles from the box below.

이/가	을/를	도

1. 소피아__가__ 1 학년이에요. 리사__도__ 1 학년이에요.
2. 이민수 선생님은 일본어 선생님__을__ 아니에요.
3. 오늘 숙제__가__ 없어요.
4. 질문__이__ 있어요.
5. 마이클__이__ 책__을__ 읽어요.
6. 민지__가__ 아침__을__ 먹어요.

J. Construct full sentences using the given components.

1. [저, 커피, 마시다] → 저는 커피를 마셔요.

2. [마크, 일본어, 공부하다] → 마크는 일본을 공부해요 ^{어를}

3. [민지, 텔레비전, 보다] → 민지는 텔레비전을 봐요

4. [저, 친구들, 만나다] → 저는 친구들을 만나 요

5. [제니, 숙제, 하다] → 제니는 숙제를 해요

6. [선생님, 책, 읽다] → 선생님은 책을 읽세요

K. Assuming that you hear a short dialogue, report what you hear using full sentences as in 1.

1. A: 리사 씨, 지금 뭐 해요?
   B: 아침 먹어요. → 리사가 아침을 먹어요.

2. A: 민지 씨, 오늘 뭐 해요?
   B: 오늘 한국어 공부해요. → 민지가 한국을 공부해요 ^{어를}

3. A: 마이클 씨, 뭐 공부하세요?
   B: 한국 역사 공부해요. → 마이클이 한국 역사를 공부해요

4. A: 마크 씨, 내일 뭐 하세요?
   B: 경제학 숙제 해요. → 마크가 경제학 숙제를 해요

5. A: 민지 씨, 사전 있으세요?
   B: 네, 있어요. → 민지가 사전이 있어요

6. A: 리사 씨, 오늘 시간 있어요?
   B: 아니요, 없어요. → 리사가 시간이 없어요

L. Listen to the conversation between Sophia and Steve and circle the correct answer to each question.

1. 소피아 씨는 어떻게 지내요?

    (a) 괜찮아요.   (b) 재미있어요.

    (c) 잘 지내요.   (d) 열심히 공부해요.

2. 소피아 씨는 지금 뭐 해요?

    (a) 재미있어요.   (b) 한국어 시험 있어요.

    (c) 도서관에 있어요.   (d) 책을 읽어요.

3. 소피아 씨는 내일 뭐 해요?

    (a) 도서관에 가요.   (b) 친구를 만나요.

    (c) 잘 지내요.   (d) 책을 읽어요.

M. Fill in the blanks as you hear the key sentences from the conversation in L.

1. 스티브 씨는 요즘 _어떻게 지내요_ ?

2. 지금 _뭐 하세요_ ?

3. 지금 _책을 읽어요_ .

4. 내일 한국어 _시험이 있어요_ .

5. 오늘 도서관에서 _한국어를 공부해요_ .

6. 내일 아침 _남자 친구를 만나요_ .

N. Describe what Mark is doing in each picture.

Q: 마크가 지금 뭐 해요?

1.

A: <u>마크가 아침을 먹어요</u>.

2.

A: <u>마크가 운동 해요</u>
(운동 'exercise')

3.

A: <u>마크가 점심을 먹어요</u>
(점심 'lunch')

4.

A: <u>마크가 숙제를 해요</u>

5.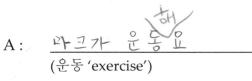

A: <u>마크가 신문을 읽어요</u>
(신문 'newspaper')

6.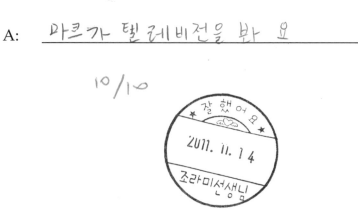

A: <u>마크가 텔레비전을 봐 요</u>

10/10

WRAP-UP EXERCISES

A. Match the English sentences with their corresponding Korean counterparts.

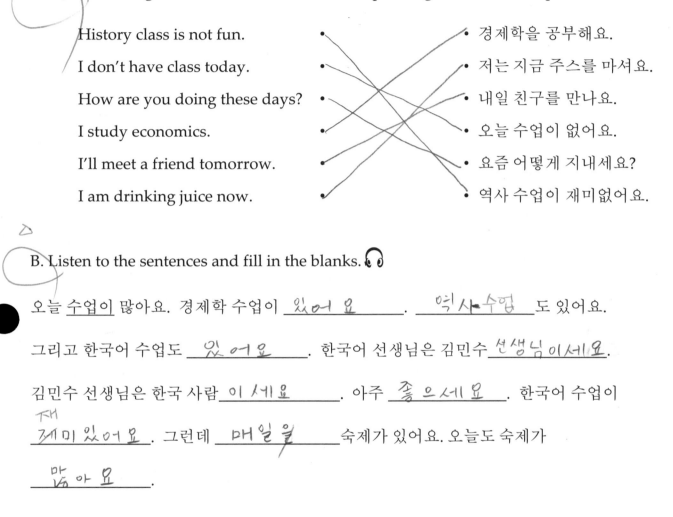

History class is not fun.   •   • 경제학을 공부해요.

I don't have class today.   •   • 저는 지금 주스를 마셔요.

How are you doing these days?   •   • 내일 친구를 만나요.

I study economics.   •   • 오늘 수업이 없어요.

I'll meet a friend tomorrow.   •   • 요즘 어떻게 지내세요?

I am drinking juice now.   •   • 역사 수업이 재미없어요.

B. Listen to the sentences and fill in the blanks.

오늘 수업이 많아요. 경제학 수업이 _있어요_. _역사 수업_ 도 있어요.

그리고 한국어 수업도 _있어요_. 한국어 선생님은 김민수 _선생님이세요_.

김민수 선생님은 한국 사람 _이세요_. 아주 _좋으세요_. 한국어 수업이

재미있어요. 그런데 _매일을_ 숙제가 있어요. 오늘도 숙제가

많아요.

C. Answer the following questions in full Korean sentences using the given English cues.

1.   요즘 어떻게 지내요?   [doing well]

       잘 지내요.

2. 오늘 수업이 많아요?　　　　[many classes]

　　네, 수업이 많아요　　　　　　　　.

3. 오늘 한국어 수업이 있어요?　　[yes]

　　네, 한국어 수업이 있어요　　　　.

4. 한국어 수업이 재미있어요?　　[fun]

　　네, 한국어 수업이 재미있어요　.

5. 오늘 누구(를) 만나요?　　　　[boyfriend]

　　남자 친구가 세요　　　　　　　.

6. 내일 뭐 하세요?　　　　　　[watch TV]

　　내일 텔레비전을 봐요　　　　　.

7. 매일 아침에 뭐 해요?　　　　[read a book]

　　매일 아침에 책을 읽어요　　　　.

D. Listen carefully. Repeat each sentence in each pair, paying close attention to the differences between the two expressions. One sentence in each pair will be repeated. Circle the one you hear.

1. 유미 씨, 시간 있어요?　　　　유미 씨, 사전 있어요?

2. 선생님이 수업이 있으세요.　　선생님이 수업이 없으세요.

3. 학생이에요?　　　　　　　　학생이세요?

4. 내일 시험이 있어요.　　　　내일 수업이 있어요.

5. 커피 마셔요?　　　　　　　커피 맛있어요?

6. 사전이 있어요?　　　　　　사전 있어요?

7. 친구 만나요.　　　　　　　친구 많아요.

E. Ask your classmates the following questions.

1. 요즘 어떻게 지내요?

2. 오늘 수업이 많아요?

3. 오늘 한국어 수업이 있어요?

4. 한국어 수업이 재미있어요?

5. 오늘 누구(를) 만나요?

6. 내일 뭐 하세요?

7. 매일 아침 뭐 하세요?

F. Fill in the blanks with the appropriate particles including 은/는, 이/가, 을/를, and 도.

저__는__ 매일 아침__을__ 먹어요. 그리고 커피__가__ (를 or 도) 마셔요. 수업__이__ 매일

있어요. 한국어__가__ (를) 공부해요. 경제학_도_ 공부해요. 한국어 수업__이__ 재미있어요.

경제학은 숙제__가__ 많아요. 그래서 매일 숙제__를__ 해요. 학교 친구__를__ 만나요.

그리고 점심__을__ 먹어요. 미국 역사 수업__이__ 있어요. 그리고 텔레비전__을__

봐요. 그리고 한국어__를__ 공부해요.

G. Listen to the narration and mark each statement T(rue) or F(alse).

1. ___T___ 수업이 많아요.

2. ___F___ 오늘은 한국어 수업이 없어요.

3. ___T___ 한국어 수업이 재미있어요.

4. ___T___ 한국어 선생님은 참 좋으세요.

5. ___F___ 한국어 숙제가 아주 많아요.

6. ___F___ 한국어 반에 영국 학생이 있어요.

H. Fill in the blanks as you listen to the narration one more time. 🎧

저는 __매일 오__ 수업이 많아요. 매일 아침 한국어 __수업__ 있어요. 한국어

선생님은 이민수 선생님 __이세요__. 이민수 선생님은 참 __좋으세요__. 한국어

수업이 아주 재미있어요. 저는 한국어를 __열심히__ 공부해요. 한국어 반에 학생들이

__많아요__. __미국어__ 학생이 많아요. 그리고 __일본__ 학생,

__중국__ 학생도 있어요.

I. Translate the following sentences into Korean.

1. Do you have homework today?

   오늘 숙제가 있세요? _____ ?

2. Please greet (each other).

   인사해요 →Both are ok. _____ .
   해세요

3. Is history class fun?

   역사가 수업은 재미있어요 _____ ?

4. There is no Korean examination tomorrow.

   내일은 한국어 시험이 없어요 _____ .

5. Does Lisa have an English dictionary?

리사는 영어 사전이 있어요 _____ ?

6. Please read the book.

책은 읽으세요 _____ .

J. Listen to the narration about Michael's activities for today. Then mark the statements T(rue) or F(alse).

1. __T__ Michael is in the library.

2. __F__ Michael likes history class.

3. __F__ Michael has a Korean test tomorrow.

4. __T__ Michael has Korean class every day.

5. __F__ Michael has a lot of homework for history class.

K. Write about your typical school day in a short paragraph. Incorporate as many of the nouns and verbs provided below as you can.

교실	교과서	사전	수업	시험	텔레비전	친구
기숙사	있다	없다	맛있다	맛없다	마시다	보다
재미있다	재미없다	읽다	지내다	만나다	공부하다	

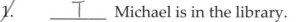

저는 수업이 많아요. 그럼, 열심히 <del>공부</del> 공부하세요 , 그런데 매일 시험

이 있어요. 한국어 수업이 재미있어요. 그런데 경제학이 재미없어요.

저는 남자 친구를 만나해요. 저는 기숙사에 있어요. 텔레비전을

봐요. 그리고 커피를 마세요. 커피가 맛있어요. 그런데 아침이

맛있었어요.

10/10

잘했어요
2011. 11. 14
조라미선생님

CONVERSATION 1	동생이 두 명 있어요.

A. Find the words you hear and write their corresponding numbers in the box.

4	a high school student	1	a college student	2	a graduate student
3	parents	6	a younger brother	5	a younger sister

B. Try to guess the meaning of the boldfaced syllables in the nouns below.

여자	여: woman
여동생	

남자	남: man
남동생	

C. Circle the best predicate for the given context.

1. 여동생은 고등학생이에요. 여동생은 한국에 [있어요, 있으세요, 계세요].

2. 남동생은 홍콩에 있어요. 부모님도 홍콩에 [있어요, 있으세요, 계세요].

3. 유미는 사전이 있어요. 선생님도 사전이 [있어요, 있으세요, 계세요].

4. 우산이 가방 안에 [이에요, 이세요, 있어요, 있으세요].

5. 오빠는 대학원생이에요. 아버지는 선생님 [이에요, 이세요, 있어요,

있으세요, 계세요].

D. Complete the following sentences using the particle 하고.

1.   교실 안에 책상하고 __텔레비전__ 하고 __의자__ 하고

__시계__ 하가 있어요.

2.   학교에 도서관하고 __유니온 빌딩__ 하고 __우체국__ 하고

__학생회관__ 이/가 있어요.

In the Korean class,   _English class (?)_
3.   한국어 반에 저하고 __영어 반__ 하고 __역사 반__ 하고

__생물학 반__ 이/가 있어요.

                          쌀하고   _빵하고_
4.   학교 식당에 커피하고 __아침__ 하고 __점심__ 하고

      커피가
__저녁__ 이/가 있어요.

5.   책상 위에 교과서하고 __사전__ 하고 __시계__ 하고

__가방__ 이/가 있어요.

E. Complete the alternative questions as in 1.

1.   A: 리사 씨는 미국 사람이에요, 중국 사람이에요?

     B: 미국 사람이에요.

2.   A: 부모님은 __영국에 계세요, 미국에 계세요__ ?

     B: 미국에 계세요.

3.   A: 동생이 __남동생이에요, 여동생이에요__ ?

     B: 여동생이에요.

4.   A: 커피가 __맛있어요, 맛없어요__ ?

     B: 맛있어요.

5. A: 한국어 수업이 _재미있어요, 재미 없어요_ ?

   B: 재미있어요.

6. A: 역사 숙제가 _있어요, 없어요_ ?

   B: 없어요.

F. Listen to the conversation between Sophia and Steve and answer the following questions in English. 🎧

1. 스티브 집은 보스톤이에요, 홍콩이에요? _보스톤 이에요_ .

2. 소피아 부모님은 보스톤에 계세요, 홍콩에 계세요?

   홍콩에 계세요 .

3. 소피아 오빠는 학생이에요, 선생님이에요? _선생님이에요_ .

4. 소피아 동생은 대학생이에요, 고등학생이에요? _고등학생 이에요_ .

5. 스티브 동생은 남동생이에요, 여동생이에요? _남동생이에요_ .

G. Listen to the questions and write your own answers in Korean. 🎧

1. _장 사사 (chang sha) 에요_ .

2. _장 사사 에 계세요_ .

3. _아니요, 없어요_ .

4. _아니요, 없어요_ .

H. Listen to the telephone numbers and write them in Arabic numerals. 🎧

1. 119

2. 553 - 2424

3. 907 - 5151

4. 366 - 0802

5. 279 - 1468

6. 206 - 8395

I. Listen to the Sino-Korean numbers and write them in Arabic numerals. 🎧

1. 15

2. 67

3. 99

4. 100

5. 348

6. 1200

J. Write the following numbers using the native Korean numerals.

하나	1
둘	2
셋	3

다섯	5
일곱	7
여덟	8

열	10
스물 여섯	26
스물 아홉	29

K. Connect the following pictures with the appropriate counters.

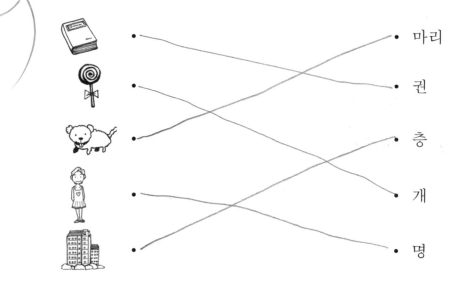

L. Fill in the blanks with the appropriate Sino-Korean numbers and counters.

1. sophomore 이학년 _____

2. lesson 8 팔 과 _____

3. 63th floor 육십삼 층 _____

4. $95 구십 오 달러 _____

5. May 16th 오월 십육 일 _____

6. year 2024 이천 이십사 년 _____

M. Fill in the blanks with the appropriate native Korean numbers and counters.

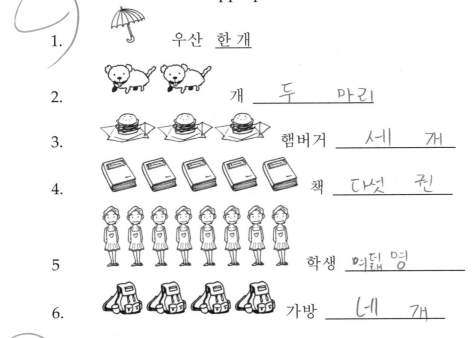

1. 우산 한 개

2. 개 ___두___ 마리

3. 햄버거 ___세___ 개

4. 책 ___다섯___ 권

5. 학생 ___여덟 명___

6. 가방 ___네___ 개

N. Fill in the blanks with the appropriate [(noun) + number + counter] forms using the given cues.

1. 1 달러는 ___천 이백 원___ (1,200 won) 이에요.

2. 우리 집에 ___개 두 마리___ (two dogs) 있어요.

3. 마이클은 ___백 달러___ ($100) 있어요.

4. 우체국은 ___팔 층___ (8th floor)에 있어요.

5.   역사 수업에 ___학생 열아홉 명___ (19 students) 있어요.

6.   오늘은 ___팔 월 이십 구 일___ (August 29th)이에요.

O. Translate the following sentences into Korean.

1.   What year are you in school?

___멫 학년 이에요___?

2.   How many students are there in the Korean class?

___한국어반에 학생 멫 명 있어요___?

3.   On which floor is the Korean classroom?

___한국어 교실이 멫 층에 있어요___?

4.   How many books do you have in your bag?

___가방에 책 멫 권 있어요___?

5.   How many Korean teachers do you have at your school?

___학교에 한국어 선생님 멫 명 있어요___?

P. Write your own answers in Korean to the questions in section O.

1.   ___대학원생 이에요___.

2.   ___열아홉 명 있어요   In fact, 열여덟 명 있어요___.

3.   ___삼 층에 있어요   In fact, 일 층에 있어요___.

4.   ___다섯 권 있어요___.

5.   ___한 명 있어요___.

Q. Listen carefully and put the price of the item in the box below it.

| $1.95 | $29.76 | $ 8.99 | $47.50 | $ 13.80 |

R. Listen to the conversation between Sophia and Minji and put the correct Arabic numerals in the [ ].

1. 민지는 [3]학년이에요.

2. 소피아는 [4]학년이에요.

3. 민지는 남동생이 [1]명 있어요.

4. 소피아는 동생이[3]명 있어요.

5. 소피아 동생 [2]명이 고등학생이에요.

10/10

CONVERSATION 2 | 누구 방이에요?

A. Fill in the boxes with appropriate family terms.

아버지 | 어머니

오빠 | 언니 | 나 (여) | 남동생

형 | 누나 | 나 (남) | 여동생

B. Select a noun from the box and fill in the blanks.

| 누나 언니 방 아파트 사이 생물학 |

1. 제 여동생은 ___생물학___을 공부해요.

2. 마크 ___누나___는 대학원생이에요.

3. 저는 제 기숙사 룸메이트하고 ___사이___가 아주 좋아요.

4. 소피아 ___언니___는 참 예뻐요.

5. 우리 ___아파트___는 아주 넓어요. ___방___이 세 개 있어요.

C. Listen carefully and write the words you hear.

1. ___자다___   2. ___주다___

3. ___작다___   4. ___나쁘다___

5. ___예쁘다___   6. ___고맙다___

D. Choose a word from the box and write it below the corresponding picture.

| 마시다 배우다 보다 오다 자다 주다 |

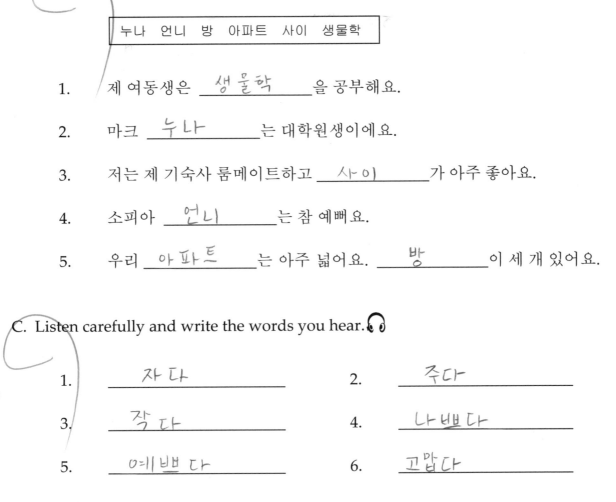

1. ___자다___   2. ___마시다___   3. ___배우다___

4. ___줄다___   5. ___오다___   6. ___보다___

E. Fill in the [   ] with appropriate antonyms. 호라켬

1.   있다 – [없다   ]   2.   좋다 – [나쁘다]

3.   싸다 – [비싸다]   4.   크다 – [작다]

5.   맛없다 – [맛있다]   6.   재미있다 – [재미없다]

F. Fill in the table with the appropriate forms of the predicates.

Dictionary form	Polite ending ~어/아요	Honorific ending~(으)세요
비싸다	비싸요	——
자다	자요	주무세요*
작다	작아요	작으세요
보다	봐요	보세요
오다	와요	오세요
배우다	배워요	배우세요
주다	줘요	주세요
지내다	지내요	지내세요
마시다	마셔요	마시세요
나쁘다	나빠요	나쁘세요
가다	가요	가세요

| 예쁘다 | 으|뻐 요 | 으|뻐세요 |
| 크다 | 커 요 | 크세요 |

*주무시다: honorific form of 자다

G. Complete the following sentences using the adjectives provided in Table F.

1. 마이클 가방이 ___커 요___. 가방 안에 사전, 우산, 책, 컴퓨터가 있어요.

2. 민지 어머니는 아주 ___으|뻐세요___.

3. 제 방은 ___작아요___. 그래서 책상하고 의자만 있어요.

4. 학교 식당 음식이 참 ___나빠요___. 그래서 ___비싸요___.
   expensive   so bad

H. Complete the following sentences using the verbs provided in Table F.

1. 소피아는 오늘 수업이 없어요. 그래서 지금 ___자 요___.

2. 리사는 중국어를 ___배워요___. 그리고 리사 어머니는 일본어를
   ___배우세요___.

3. 저는 동생하고 텔레비전을 ___봐요___. 그리고 아버지는 책을
   읽으세요.

4. A: 선생님, 요즘 어떻게 ___지내세요___?

   B: 잘 ___지내요___.

I. Translate the following into Korean using possessive expressions.

1. Sandy's book: ___샌디 책___

2. our parents: ___우리부모님___

3.   my younger brother: 제 남동생

4.   my roommate's bag: 제 룸메이트 가방

5.   today's news (뉴스):   오늘 (의) 뉴스

6.   mine: 내 / 제

J. Based on the given picture, answer the questions as shown in the example.

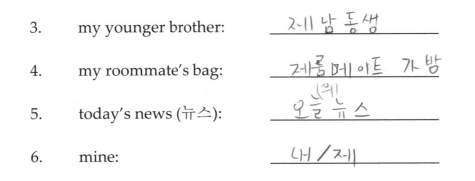

스티브   제니   폴   리사   마이클   유미

1.   A: 이거 누구 책이에요?

      B: 스티브 거예요.

2.   A: 이거 누구 가방이에요?

      B: 폴 거예요   .

3.   A: 이거 누구 시계예요?

      B: 마이클 거예요   .

4.   A: 이거 누구 컴퓨터예요?

      B: 유미 거예요   .

5.   A: 이거 누구 커피예요?

      B: 제니 거예요   .

6.   A: 이거 누구 우산이에요?

      B: 리사 거예요   .

K. Choose a word from the box and fill in the blanks with the proper form of the predicate. Use each word only once.

| 공부하다 | 계시다 | 배우다 | 보다 | 없다 | 이다 | 있다 | 좋다 |

마이클은 제 룸메이트예요. 마이클은 보스톤 대학교 학생이에요. 마이클은 한국어를

공부해요. 마이클 집은 한국에 있어요. 아버지하고 어머니하고 형은

한국에 계세요. 누나는 뉴욕에 있어요. 대학원생 이에요. 그리고

누나는 중국어를 배워요. 여동생도 뉴욕에 있어요. 고등학생이에요. 마이클은

여동생하고 사이가 아주 좋아요. 남동생은 없어요. 내일 마이클은

한국어 시험을 봐요. 그래서 지금 도서관에 있어요.

L. Read the above narration and answer the questions in Korean.

1. Where is Michael's older brother?

   마이클 형은 한국에 계세요.

2. What is Michael's older sister learning?

   마이클 누나는 중국어를 배워요.

3. Does Michael have a younger brother?

   마이클은 남동생이 없어요.

4. What does Michael do at the library now?

   마이클은 지금 중국어를 공부해요.
   한국어

M. Translate the following sentences into Korean.

1.   Whose bag is this?

이거 누구가 방이어예요 _____ ?

2.   It is Lisa's bag.

리사 가 방 이어예요 _____ .

3.   Lisa's bag is pretty. And it is inexpensive.

리사가방이예뻐요 그리고 싸요 _____ .

4.   This is my father's Chinese language textbook.

이거내아 버지중국어 교과서 <s>아</s>에요 (에) _____ .

5.   My father learns Chinese language these days.

요즘 우리 아버지 가 중국 어를 공부해요 _____ .
중국어

N. Listen to the conversation between Sophia and Lisa and answer the following
questions in English. 🎧

1.   How many rooms does Lisa's apartment have? ___ two ___

2.   Does Lisa have a roommate? ___ Yes ___

3.   What is the name of Sophia's roommate? ___ 유미 ___

4.   What does Sophia's roommate study? ___ Sophia didn't answer this question ___

5.   Is Yumi a college student? ___ No, she is a graduate student ___

O. Circle the correct form in each [   ].

1.   이 가방은 제 [거, 꺼, 것]예요.

2. 학생: 선생님, 우산 [있어요, (있으세요), 계세요]?

   선생님: 아니요, 없어요.

3. 저희 아버지는 홍콩에 [있어요, 있으세요, (계세요)].

4. 이 사전은 [(나빠요), 나뻐요, 나쁘세요].

5. 저는 동생하고 사이[이, (가), 을, 를, 하고] 참 좋아요.

6. 한국[에, 이, (의), 를] 수도('capital')는 서울이에요.

P. Complete the following conversation.

(Linda visits Sophia's apartment.)

소피아: 린다 씨, 요즘 어떻게 __지내세요__?

린다: 잘 지내요. 소피아 씨는 __어떻게 지내세요__?

소피아: 저도 잘 지내요.

린다: 그런데, 이건 __누구 방이에요__?

소피아: 제 방이에요.

린다: __소피아 방이 참 예뻐요__ (Your room is very pretty.)

소피아: __고마워요__. (Thank you.)

린다: 소피아 씨, 룸메이트도 있어요?

소피아: 네. 있어요.

린다: 룸메이트 __몇 명__ 있어요?

소피아: __두 명__ (two roommates) 있어요.

린다: 아, 그래요? 저는 룸메이트가 없어요.

10/10

WRAP-UP EXERCISES

A. Complete the following dialogue with a classmate using alternative questions as in 1.

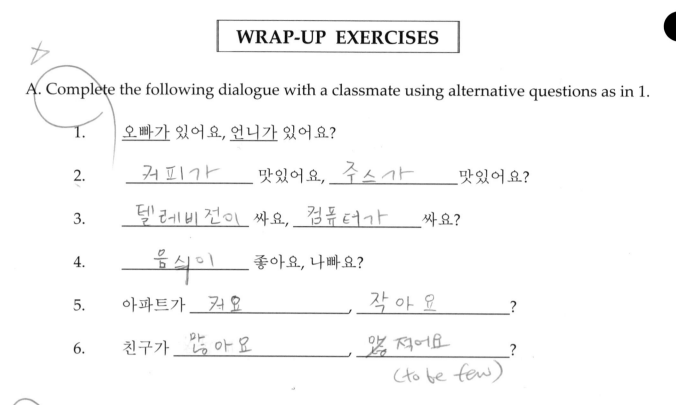

1.   오빠가 있어요, 언니가 있어요?

2.   _커피가_ 맛있어요, _주스가_ 맛있어요?

3.   _텔레비전이_ 싸요, _컴퓨터가_ 싸요?

4.   _음식이_ 좋아요, 나빠요?

5.   아파트가 _커요_ , _작아요_ ?

6.   친구가 _많아요_ , _많적어요_ ?
          (to be few)

B. Listen carefully. Repeat each sentence in each pair, paying close attention to the differences between the two expressions. One sentence in each pair will be repeated. Circle the one you hear.

1.   11 일이에요.   12 일이에요.

2.   20 일이에요.   21 일이에요.

3.   어머니는 어디 가세요?   어머니는 어디 계세요?

4.   우리 반이에요.   우리 방이에요.

5.   방이 참 예뻐요.   방이 참 나빠요.

6.   방이 비싸요.   방이 싸요.

7.   제 거예요.   저희 거예요.

C. Listen to the narration and complete the following table.

Name	School year	Courses	Home	Siblings
소피아	3학년	경제학/역사	뉴욕	언니, 오빠
유미	2학년	경제학/역사 로스앤젤레스		여동생 두 명
마이클	3학년	생물학/역사	뉴욕	형 누나 두명 한명

D. Listen to the questions and write your answers in Korean.

1. 대학교 삼학년 이에요
2. 일층 있어요
3. 열 일곱 명 있어요
4. 사과 공부해요
5. 열다섯 권 있어요

E. Translate the following questions into Korean.

1. Where is your home?

   집이 어디 예요?

2. Do you have an older sister/brother?

   언니 오빠 있어요?

3. How many younger siblings do you have?

   동생이 몇 명 있어요?

4.   How many Korean friends do you have?

한국어 친구가 몇 명 있어요 ?

5.   How many rooms do you have in your apartment?

아파트에 방이 몇 개 있어요 ?

F. Interview three of your classmates based on the questions provided in E and complete the table.

Name	Home	Older siblings	Younger siblings	Korean friends	Apartment /home rooms
희준	로스앤젤레스	형 한 명	여동생 한 명	두 명	기숙사
강민	뉴욕	없어요	없어요	많아요	여섯?

G. Read the following passages about the four students and answer the questions.

소피아
저는 대학교 3 학년
학생이에요. 집이 엘에이예요.
경제학을 공부해요. 수업이
많아요. 그래서 아주 바빠요*
남자 친구가 뉴욕에 있어요.

폴
저는 중국 사람이에요. 지금 보스톤
대학교 4 학년이에요. 한국어를
공부해요. 매일 수업이 있어요.
그래서 바빠요. 한국어가 재미있어요.
그런데 숙제가 많아요.

수지
1 학년이에요. 저는 미국 사람이에요.
저는 수업이 많아요. 한국어, 중국어,
역사, 그리고 경제학을 공부해요.
집이 하와이예요.

마이클
저는 대학교 1 학년 학생이에요.
집이 뉴욕이에요. 친구가 대학교
사학년이에요. 뉴욕에 있어요.
친구는 한국 역사를 공부해요.

*바쁘다: to be busy

1.   Write in complete sentences what the following students have in common.

(a)   [소피아; 폴]   <u>바빠요</u>.

(b)   [폴; 수지]   <u>한국어 공부해요</u>.

(c)   [수지; 마이클]   <u>수지하고 마이클은 (미국 사람)이어요</u>? 학년이어요

(d)   [소피아; 수지]   <u>경제학을 공부해요 수업이</u>. 많아요.

(e)   [소피아; 마이클]   <u>대학원생이에요 친구가</u>. 뉴욕에 있어요

2.   Based on the information in the passages, answer the following questions.

(a)   누가 중국 사람이에요?   <u>폴은 중국 사람이에요</u>.

(b)   누가 매일 수업이 있어요?   <u>폴</u>.

(c)   누가 3 학년 학생이에요?   <u>소피아</u>.

(d)   누가 경제학을 공부해요?   <u>소피아하고 수지</u>.

(e)   누가 보스톤 대학교 학생이에요?   <u>폴</u>.

H. Listen and fill in the blanks. The sentences will be read twice. 🎧

우리 부모님은 한국에 <u>계세요</u>. 아버지는 <u>역사</u> 선생님이세요. 그리고

어머니는 <u>영어</u> 선생님이세요. 어머니가 아주 <u>예쁘세요</u>.

오빠 <u>하고</u> 여동생이 있어요. 오빠도 한국에 있어요. 오빠는

<u>대학원생</u> 이에요. <u>생물학</u> 을 공부해요. 여동생하고 <u>저만</u>

보스톤에 있어요. 요즘 동생도 한국어를 <u>배워요</u>. 매일 동생하고 한국어를

<u>공부해요</u>. 저하고 동생은 <u>사이가</u> 가 아주 좋아요.

I. Complete the following translations.

1.   I study biology and economics.

<u>저는 생물학</u> 하고 <u>경제학 공부해요</u>.

2.   Mark and his older brother have a good relationship.

<u>Mark 하고 형</u> 은 사이가 <u>아주좋아요</u>.

3.   My Korean teacher has two dogs.

<u>제 한국어 선생님</u> 은 <u>개 두 마리</u> 있으세요.

4.   Sophia's parents and older sister are in L.A. (Los Angeles)

<u>소피아 부모님 하고 언니</u> 은 엘에이에 <u>있어요</u>.

5.   Only Sophia and her younger brother are in America.

<u>소피아</u> 하고 <u>남동생만</u> 미국에 있어요.

J. Translate the following sentences into Korean.

1.   How many desks are there in the classroom?

<u>교실에 몇 의자 개 있어요</u> ?

2.   The Korean classroom is on the fifth floor.

<u>한국어교실이 오층에 있어요</u>.

3.   My younger sister has three Korean friends.

<u>제 여동생이 한국 친구 세명 있어요</u>.

4.   Do you ~~have~~ a younger brother or sister?

남동생 있어예요, 여동생 있어예요 ?

5.   Whose room is this?

이거 누구 방이에요 ?

6.   This is Lisa's book. And this is her older brother's dictionary.

이가 리사 책이에요. 그리고 이가 오빠 사전이에요 .

K. Read the following passage and answer the questions in Korean.

제 기숙사 방은 커요. 그리고 예뻐요. 룸메이트가 한 명 있어요. 그래서 방에 책상이 두 개
있어요. 의자는 네 개 있어요. 제 책상 위에는 컴퓨터가 있어요. 시계도 한 개 있어요.
시계는 룸메이트 책상 위에 있어요. 방에 텔레비전도 있어요. 텔레비전 옆에 우산이 한 개
있어요. 그리고 가방이 두 개 있어요. 가방은 제 책상 옆에 있어요. 저는 경제학하고
한국어를 배워요. 룸메이트도 한국어를 배워요. 그리고 룸메이트는 생물학하고 역사도
공부해요. 지금 룸메이트하고 한국어 숙제해요.

1.   기숙사 방이 어때요?   기숙사 방이 커요 그리고 예뻐요

2.   룸메이트가 몇 명 있어요?   한 명 있어요

3.   방 안에 뭐가 있어요?   책상, 의자, 컴퓨터, 시계, 방, 텔레
비전, 가방, 책이 있어요

4.   룸메이트는 뭐를 공부해요?   한국어하고 생물학하고 역사를 공부해요

5.   지금 룸메이트하고 뭐를 해요?   한국어 숙제해요

L. Write a short essay about your family. Depending on whom you describe, use either
~어/아요 or ~(으)세요 forms.

저는 중국 사람이에요. 아버지하고 어머니가 중국에 계
세요. 아버지 선생님이 에요. 어머니도 선생님이에
요. 동생은 없어요. 오빠하고 언니도 없어요. 그런데 개가
마리 섭어요. 집이 칠층에 있어요. 저하고 부모님 사이가
참 좋아요.   (10 dogs?
        개가 열 마리 있어요.

M. Write a short essay about your best friend (his/her school year, his/her major, his/her
nationality, his/her hometown, his/her family, etc.).

Stephanie 는 우리 반 친구예요. 음악하고 중국어를 공부해요
Stephanie 는 대학 이학년 학생이에요. Stephanie 는 한국 사람이에요.
집이 한국이에요. 한국에 아버지하고 어머니가 계세요. 그리고
남동생은 한국에 있어요. Stephanie 만 미국에 있어요. Stephanie 남
동생은 대학원생이에요. 경제학 공부해요. Stephanie 하고
Stephanie 남동생 사이가 참 좋아요.

잘 했어요
2011. 12. 07
조라미선생님   10 /10

CONVERSATION 1	서점에서 친구를 만나요.

A. Find the picture that corresponds to each word you hear and write its number in the appropriate box.

1	5	4	6	2	3

B. Connect the items with their corresponding locations.

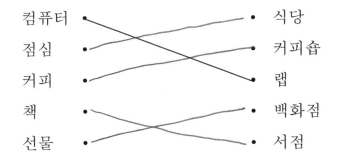

컴퓨터 · · 식당
점심 · · 커피숍
커피 · · 랩
책 · · 백화점
선물 · · 서점

C. Choose the word that describes each action and write it in the box below the picture.

가르치다   쇼핑하다   연습하다   운동하다   인사하다   테니스 치다

테니스 치다	가르치다	쇼핑하다	운동하다	인사하다	연습하다

D. Listen carefully and write the words you hear. 🎧

1.   가방을 __사요__ .

2.   책이 ____싸사요____ .

3.   친구를 __만나요__ .

4.   친구가__많아요__ .

5.   아버지 __안녕히 계세요__

6.   __오래간만이에요__ .

E. Translate the following greetings into Korean.

Good-bye (to the one leaving).

See you tomorrow.

Good-bye (to the one staying).

1. __안녕히 가세요__ .   2. __내일 봐요__ .   3. __안녕히 계세요__ .

F. Describe where each person is going.

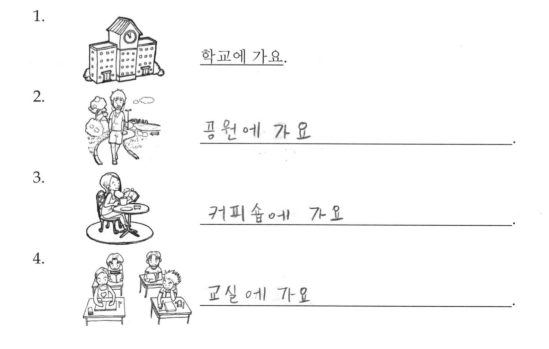

1.   학교에 가요.

2.   공원에 가요 .

3.   커피숍에 가요 .

4.   교실에 가요 .

5.

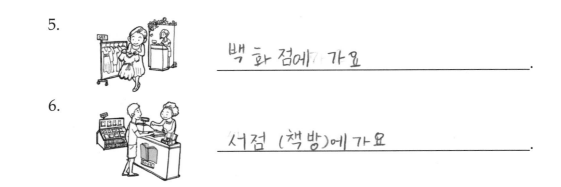

백화점에 가요 _____.

6.

서점 (책방)에 가요 _____.

G. Answer the following questions.

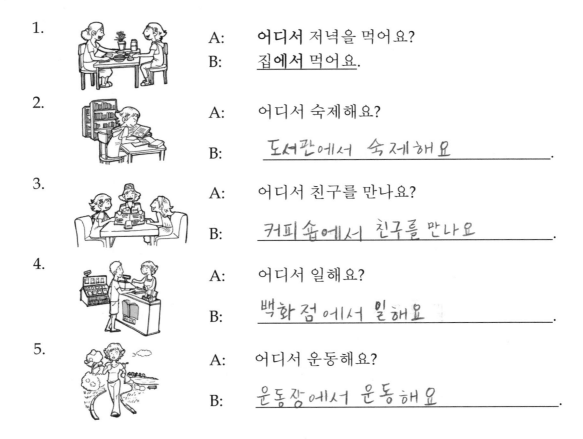

1.
A: **어디서** 저녁을 먹어요?
B: 집에서 먹어요.

2.
A: 어디서 숙제해요?
B: 도서관에서 숙제해요 _____.

3.
A: 어디서 친구를 만나요?
B: 커피숍에서 친구를 만나요 _____.

4.
A: 어디서 일해요?
B: 백화점에서 일해요 _____.

5.
A: 어디서 운동해요?
B: 운동장에서 운동해요 _____.

H. Circle the correct particle in each [　].

1. 부모님이 홍콩[에) 에서] 계세요.

2. 스티브가 기숙사 식당[에, 에서] 점심을 먹어요.

3. 한국어 교실이 학생회관 뒤[에, 에서] 있어요.

4. 마이클 형이 대학교[에, 에서] 영어를 가르쳐요.

5. 스티브가 내일 누나 집[에, 에서] 가요.

6. 리사가 공원[에, 에서] 운동해요.

I. Complete the conversations by filling the blank spaces with 에 or 에서.

1.   A: 어디 가세요?   B: 학교 식당에 가요.
         A: 학교 식당이 어디 있어요?   B: 학생회관 1 층에 있어요.

2.   A: 어디 가세요?   B: 서점 에 가요.
         A: 서점에서 뭐 해요?   B: 서점에서 일해요.

3.   A: 마크 씨 어디 있어요?   B: 컴퓨터 랩 에 있어요.
         A: 컴퓨터 랩에서 뭐 해요? B: 한국어를 연습해요.

4.   A: 어디 가세요?   B: 학생회관 에 가요.
         A: 학생회관에서 뭐 해요? B: 룸메이트를 만나요.

J. The following sentences show basic Korean sentence patterns. Fill in the blanks with the appropriate particles as in 1.

1. 스티브가 도서관에서 책을 읽어요.

2. 소피아 가 집에서 텔레비전 을 봐요.

3. 엘렌 이 백화점에서 생일 선물 을 사요.

4. 리사 가 커피숍에서 친구 를 만나요.

5. 마이클 이 공원에서 테니스 를 쳐요.

6. 선생님 이 교실에서 경제학 을 가르치세요.

● K. Translate the sentences in J into English.

1. Steve read books at the library   .

2. Sophia watches TV at home   .

3. Ellen buys the birthday gift at the department store   .

4. Lisa meets her friends at the cafe   .

5. Michael plays tennis in the park   .

6. The teacher teaches economics at the classroom   .

L. Describe what each person is doing in the picture. Use the appropriate particles.

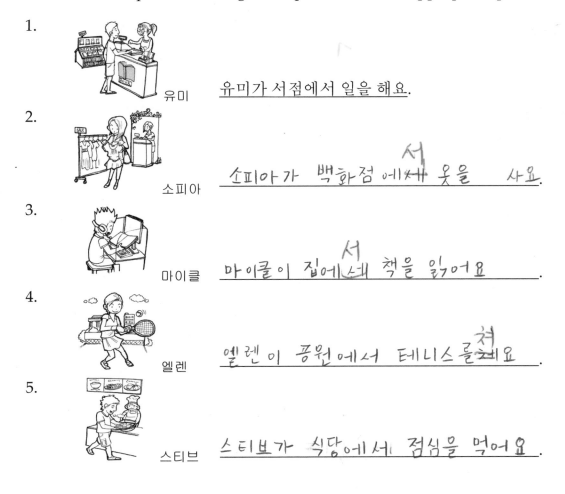

1. 유미   유미가 서점에서 일을 해요.

2. 소피아   소피아가 백화점에서 옷을 사요.

3. 마이클   마이클이 집에서 책을 읽어요.

4. 엘렌   엘렌이 공원에서 테니스를 쳐요.

5. 스티브   스티브가 식당에서 점심을 먹어요.

M. Translate the following sentences into Korean using the basic sentence pattern [Subject 이/가 Place 에서 Object 을/를 Verb stem+어/아요].

1. Steve does his homework at the library.

   스티브가 도서판에서 숙제 해요_____.

2. Lisa practices Korean at the computer lab.

   리사가 컴퓨터랩에서 한국어를 연습해요_____.

3. My father buys books at the school bookstore.

   제 아버지가 학교서점에서 책을 사요_____.

4. Sophia's younger sister learns Korean at school.

   소피아 여동생이 학교에서 한국어를 배워요_____.

5. Ellen and Lisa eat lunch at the school cafeteria.

   엘렌 하고 리사가 학교식당에서 점심을 먹어요_____.

N. Listen carefully and find out who is doing which activity. Connect each person with the corresponding box below. Also, write in English each person's current location. 🎧

Yumi	Michael	Sophia	Eddie	Steve	Ellen

practicing Korean	doing homework	exercising	meeting a friend	studying economics	working
컴퓨터랩	library	공원	커피숍	교실	서점

O. Listen to the following conversation between Jenny and Steve, and fill in the blanks with T(rue) or F(alse).

1. _T_ Steve is on his way to meet his younger sister.

2. _F_ Jenny is on her way to the library now.

3. _F_ Jenny's friend works at the bookstore.

4. _T_ Jenny and Steve are going to school tomorrow.

| CONVERSATION 2 | 선물 사러 백화점에 가요. |

A. Listen carefully and write the words you hear.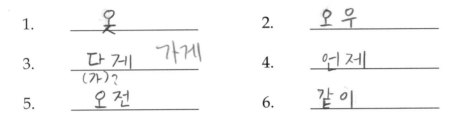

1. ___옷___　　　　2. ___오우___

3. ___다게___ 가게　　4. ___언제___
　　(가)?

5. ___오전___　　　　6. ___같이___

B. Connect the two most semantically related words in each column.

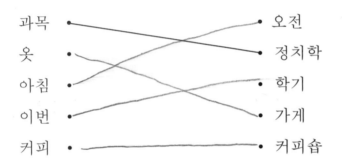

과목 •　　　　　• 오전

옷 •　　　　　　• 정치학

아침 •　　　　　• 학기

이번 •　　　　　• 가게

커피 •　　　　　• 커피숍

C. Select the words below and write them beneath their corresponding pictures.

가르치다　걷다　듣다　일하다　좋아하다　테니스 치다

| 가르치다 | 일하다 | 테니스 치다 | 듣다 | 걷다 | 좋아하다 |

D. Connect the nouns with the most appropriate verbs.

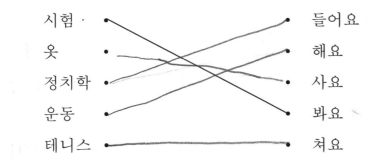

시험
옷
정치학
운동
테니스

들어요
해요
사요
봐요
쳐요

E. Fill in the [　] with the appropriate words.

1.　　[오전] - 오후

2.　　아침 - [점심] - 저녁

3.　　년 - [월] - [일] - 시 - [분]

4.　　월요일 - [화요일] - 수요일 - [목요일] - 금요일 - 토요일 - [일요일]

F. Fill in the blanks with the appropriate words from the box below.

| 같이　과목　언제　오후　이번 |

1.　　A:　생일이 __언제__ 예요?

　　　B:　12 월 29 일이에요.

2.　　A:　이번 학기에 몇 __과목__ 들어요?

　　　B:　다섯 과목 들어요.

3.　　__이번__ 금요일에 수업이 많아요. 그래서 시간이 없어요.

4.　　내일 수잔하고 __같이__ 우체국에 가요.

5.　　오늘 __오후__ 3 시에 친구를 커피숍에서 만나요.

G. Read the following times and write them below the pictures.

한 시   <u>두</u> 시   <u>세</u> 시   <u>네</u> 시   <u>열두</u> 시

H. Read the following times and write them down.

1.	1:30
2.	5:15
3.	7:56
4.	10:38
5.	11:40

1. <u>한 시 삼십 분</u>

2. <u>다섯시 오십 오분</u>

3. <u>일곱시 오십육분</u>

4. <u>열시 삼십팔분</u>

5. <u>열한시 사십분</u>

I. Listen carefully and write in Arabic numerals the time you hear.

1. <u>2</u> 시 <u>30</u> 분   2. <u>4</u> 시 <u>10</u> 분

3. <u>6</u> 시 <u>35</u> 분   4. <u>8</u> 시 <u>43</u> 분

5. <u>9</u> 시 <u>16</u> 분   6. <u>8</u> 시 <u>59</u> 분

J. Make sentences based on your own schedule using the time expressions 시 and 분.

1.

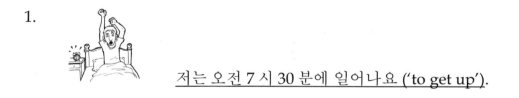

저는 오전 7 시 30 분에 일어나요 ('to get up').

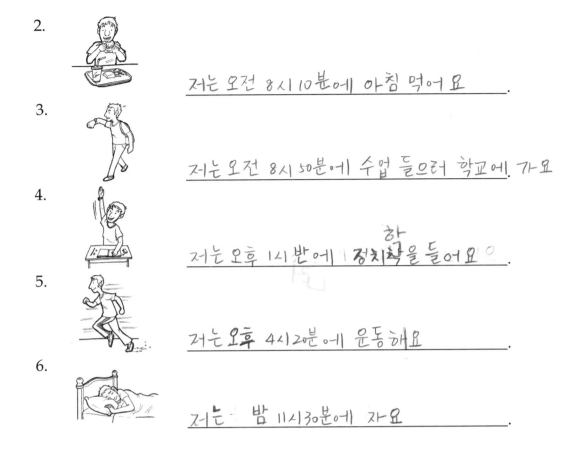

2. 저는 오전 8시 10분에 아침 먹어요.

3. 저는 오전 8시 50분에 수업 들으러 학교에 가요.

4. 저는 오후 1시 반에 정치학을 들어요.

5. 저는 오후 4시 20분에 운동해요.

6. 저는 밤 11시 30분에 자요.

K. Complete the following table. (*irregular verbs)

Dictionary form	~어/아요	~(으)세요	~(으)러
배우다	배워요	배우세요	배우러
먹다	먹어요	드세요	먹으러
가르치다	가르쳐요	가르치세요	가르치러
읽다	읽어요	읽으세요	읽으러
일하다	일해요	일하세요	일하러
운동하다	운동해요	운동하세요	운동하러
듣다*	들어요	들으세요	들으러
걷다*	걸어요	걸으세요	걸으러

L. Choose a verb from the box below and complete the conversation using the ~(으)러 pattern, as in 1. Use each verb only once.

듣다 만나다 먹다 사다 쇼핑하다 연습하다

1.　A:　어디 가요?

　　B:　옷 <u>사러</u> 옷가게에 가요.

2.　A:　어디 가요?

　　B:　저녁 <u>먹으러</u> 식당에 가요.

3.　A:　컴퓨터 랩에 가세요?

　　B:　네, 한국어 <u>연습하러</u> 가요.

4.　A:　어디 가세요?

　　B:　동생을 <u>만나러</u> 커피숍에 가요.

5.　A:　어디 가세요?

　　B:　정치학 수업 <u>들으러</u> 가요.

6.　A:　어디 가세요?

　　B:　<u>쇼핑하러</u> 백화점에 가요.

M. Complete the sentences, as in 1, using the ~(으)러 pattern.

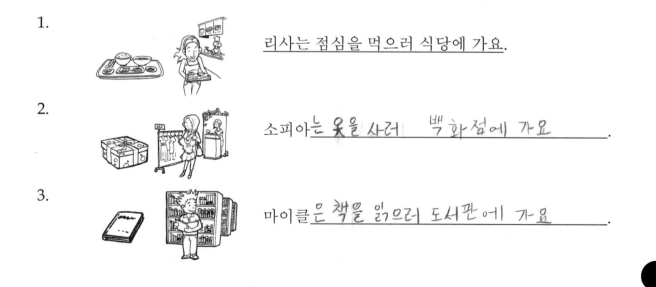

1.　<u>리사는 점심을 먹으러 식당에 가요.</u>

2.　소피아는 <u>옷을 사러 백화점에 가요</u>.

3.　마이클은 <u>책을 읽으러 도서관에 가요</u>.

4. 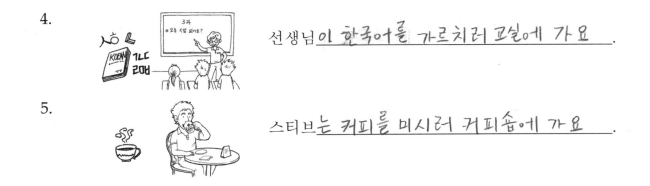 선생님이 <u>한국어를 가르치러 교실에 가요</u>.

5. <u>스티브는 커피를 마시러 커피숍에 가요</u>.

N. Translate the following sentences into Korean.

1. Steve goes to school.
   <u>스티브는 학교에 가요</u>.

2. Steve goes to school to take a political science class.

   <u>스티브는 정치학을 들으어 학교에 가요</u>.

3. Steve goes to school at 10:00 AM to take an economics class.

   <u>스티브는 오전 10시에 정제책 수업이 들으러 학교에 가요</u>.

4. Steve takes Korean class at the Union Building at 3:00 PM.

   <u>스티브는 오후 3시에 유니온 빌딩에 한국어수업을 들어요</u>.

5. Steve meets his friend in front of the library at 5:30 in the afternoon.

   <u>스티브는 오후 5시반에 도서관 앞에 친구를 만나요</u>.

O. Listen to the following conversation between Sophia and Michael and circle the correct answers to the questions.

1. What is Michael going to do today?

   (a) go to class with Sophia   (b) practice Korean at the lab
   (c) work at the bookstore   (d) go shopping at the department store

2.   Whose birthday is tomorrow?

(a) Sophia's   (b) Sophia's sister's

(c) Michael's brother's   (d) Michael's sister's

3.   What time is Sophia's class?

(a) 11:40 AM   (b) 12:30 PM

(c) 12:00 PM   (d) 2:30 PM

4.   What time are Sophia and Michael meeting?

(a) 12:30 PM   (b) 1:30 PM

(c) 2:30 PM   (d) 3:30 PM

P. Listen to the following questions and write your own answers in Korean.

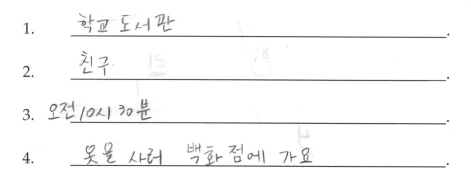

1.   학교 도서관_____.

2.   친구 IS_____.

3.   오전 10시 30분_____.

4.   옷을 사러 백화점에 가요_____.

WRAP-UP EXERCISES

A. Insert the missing vowels and consonants to complete the following words.

1.	그	런	데					' by the way'
2.	선	물	사	러				'(in order) to buy a gift'
3.	가	르	쳤	어	요			'to teach' (~어요/아요, past tense)
4.	안	녕	히	계	세	요		'Good-bye' (to the one staying)
5.	일	화	수	목	금	토	일	'Mon-(to)-Sun'

B. Listen to the following passage and fill in the blanks. 🎧

내일이 스티브 <u>생일</u> 이에요. 그래서 오늘 선물을 <u>사러</u> 백화점에 가요. 소피아도 같이 백화점에 가요. <u>두시</u> 에 기숙사 앞에서 소피아를 <u>만나요</u>. 소피아는 <u>쇼핑하러</u> 백화점에 가요. 백화점 안에는 커피숍, 식당, <u>옷가게</u>, 서점이 있어요. 일층에 <u>서점</u> 하고 커피숍이 있어요. 2층에 옷가게가 있어요. 그리고 <u>삼층에</u> 식당이 있어요. 스티브가 책을 아주 <u>좋아해요</u>. 그래서 저는 책을 사러 서점에 가요. 소피아는 <u>옷을</u> 사러 옷가게에 가요. 옷가게 옷이 아주 <u>예뻐요</u>.

C. Listen carefully. Repeat each sentence in each pair, paying close attention to the differences between the two expressions. One sentence in each pair will be repeated. Circle the one you hear. 🎧

1.   (도서관에 있어요.)   도서관에서 읽어요.

2.   어디서 사요?   (어디가 싸요?)

3.   아버지는 어디 계세요?   (아버지는 어디 가세요?)

4.   (셀리 씨는 어디 가세요?)   셀리 씨는 어디 사세요?

5.   (월요일에 백화점에 가요.)   일요일에 백화점에 가요.

D. Put the given words in order, to make a sentence as in 1. Make sure to use all the necessary particles.

1.   스티브 / 오전 /서점 / 일하다

   스티브는 오전에 서점에서 일해요.

2.   제니 / 오후 / 공원 / 걷다

   제니 씨는 오후에 공원에서 걸어요.

3.   엘렌/ 이번 학기/ 3과목/ 듣다

   엘렌 씨는 이번 학기에 수업을 세과목 들어요.

4.   마크 /아버지 / 커피숍 / 책 / 읽다

   마크 씨는 아버지는 커피숍에서 책을 읽어요.

5.   마이클/ 생일 선물 / 사다/ 백화점 / 가다

   마이클 씨는 생일선물 사러 백화점에 가요.

6.   린다 / 오전 10시 / 정치학 수업 /듣다 / 학교/ 가다

   린다 씨는 오전 10시 정치학 수업을 들으러 학교에 가요.

● E. Translate the following questions into Korean.

1.   When is your birthday?

생일이 언제 예요 _____?

2.   Where do you buy birthday presents?

어디서 생일 선물을 사요 _____?

3.   What time do you go to take Korean class?

몇 시에 한국어 수업을 들으러 가요 _____?

4.   How many courses are you taking this semester?

이번 학기에 수업 몇 과목 들어요 _____?

5.   Where do you practice Korean?

어디에서 한국어를 연습해요 _____?

F. Write your answers in Korean to the questions in E.

1.   제 생일이 구월 십팔일 이에요 _____.

2.   생일 선물을 사러 백화점에 가요 _____.

3.   열시에 가요 _____.

4.   삼 세과목 들어요 _____.

5.   학교 도서관 _____.

G. Complete the following dialogue.

소피아:　　민지 씨, _오래 간만이에요_____. (It's been a long time.)

민　지:　　네, _오래 간만이에요_____. (It's been a long time.)

소피아:　　그런데, _어디 가세요_____?

민　지:　　수업 들으러 학교에 가요.

소피아:　　오늘 수업이 _몇 과목_____ 있어요?

민　지:　　두 과목 있어요. 정치학하고 생물학 수업이 있어요.

　　　　　　소피아 씨는 수업이 _몇 시에 있어요_____?

소피아:　　10 시에 있어요.

　　　　　　그런데 민지 씨, 오후에 시간 있어요?

민　지:　　네, 오후에는 수업이 없어요.

소피아:　　그럼, 오늘 오후에 저하고 같이 쇼핑하러 백화점에 가요.

민　지:　　네, 좋아요. _어디에서_____ 만나요?

소피아:　　백화점 앞에서 어때요?

민　지:　　네, 좋아요.

H. Ask your classmates about their favorite places (e.g., bookstore, coffee shop, hamburger restaurant, ice cream shop, department store, computer store) and report the results.

Example:　　Q:　제니 씨는 어디서 책을 사요?
　　　　　　　A:　학교 서점에서 사요.

　　　　　　　→　 제니 씨는 학교 서점에서 책을 사요.

1.　　_____은/는 _____.

2.　　_____은/는 _____.

3.　　_____은/는 _____.

4. _____은/는 _____.

5. _____은/는 _____.

I. Ask three of your friends about their favorite television programs and fill in the blanks. 🔊

Name	Time	Place	TV program	
마크는	저녁 여덟 시에	기숙사에서	뉴스('news')를	봐요.
				봐요.
				봐요.
				봐요.

J. Translate the following sentences into Korean. Use the appropriate particles.

1. Michael goes to the park to exercise in the morning.

   마이클은 오전에 운동하러 공원에 가요 _____.

2. Susan goes to her parents' house to have dinner on Saturday.

   수산은 토요일에 저녁 먹으러 부모님의 집에 가요 _____.

3. Steve works at the coffee shop in front of the school every day.

   스티브는 매일 학교앞에 커피숍에서 일해요 _____.

4. Minji likes books. So Minji goes to the library to read books every day.

   민지는 책을 좋아해요. 그래서 매일 책을 읽으러 도서관에 가요.

5. Lisa is going shopping with Sophia at 5:00 PM today.

   오늘 오후 다섯시에 리사하고 소피아는 같이 쇼핑 가요 _____.

K. Read the following passage and answer the questions in Korean.

제니의 생일

오늘은 제니 생일이에요. 그래서 친구들하고 같이 생일 파티[1]를 해요. 스티브, 마이클, 리사, 소피아가 제니 친구들이에요. 제니하고 친구들은 한국어 수업을 같이 들어요. 오전에 스티브하고 마이클은 제니 선물을 사러 백화점에 가요. 그리고 리사하고 소피아는 케이크[2]를 사러 빵집[3]에 가요. 제니하고 제니 친구들은 리사 집에서 오후 한 시에 만나요. 리사 집에서 같이 파티를 해요.

그리고 저녁에 제니는 부모님하고 저녁을 먹어요. 제니 언니하고 남동생도 오랜간만에 같이 만나요. 한국 음식을 먹으러 한국 식당에 가요. 제니는 한국 음식을 아주 좋아해요.

1. 파티: 'party'; 2. 케이크: 'cake'; 3. 빵집: 'bakery'

1.   오늘 누구 생일이에요?

_제니 생일이에요_____.

2.   제니하고 제니 친구들은 뭐를 같이 공부해요?

_한국어를 공부해요_____.

3.   스티브하고 마이클은 오전에 뭐 해요?

_제니 선물을 사러 가요_____.

4.   제니하고 제니 친구들은 어디서 만나요?

_리사 집에서 만나요_____.

5.   제니는 부모님을 언제 만나요?

_저녁에 만나요_____.

6.   제니는 부모님하고 같이 뭐 해요?

_저녁 먹어요_____.

L. Plan your next week's schedule, and write the schedule in detail as shown in the following example.

Example: 월요일 오전에 학교에서 수업을 세 과목 들어요.

월요일	운동하러 공원에 가요
화요일	책을 커피숍에서 읽어요
수요일	수업 들으러 학교에 가요
목요일	테니스를 쳐요
금요일	도서관에서 공부해요
토요일	저녁 먹으러 친구의 집에 가요
일요일	옷을 사러 백화점에 가요

M. Ask your classmate about his/her plans for today using the following conversation sample. Based on the conversation, write in detail your classmate's plans (e.g., when, where, with whom, what s/he will be doing today).

A: 스티브   씨, 오늘 뭐 하세요?

B: 학교에   에 가요.

A: 학교   에 왜('why') 가세요?

B: 수업이 들으   (으)러 가요.

A: 언제 가세요?

B: 아홉   시에 가요.

(이/이)......

Please complete!

Great! I'm so impressed by your work!
You are still good enough to follow the ongoing
lesson even though you took the Korean class
long time ago. I'm sure you will improve
a lot more this semester! =)

(10/10)

| **CONVERSATION 1** | 차로 한 시간쯤 걸려요. |

A. Choose a word provided below and write it beneath the corresponding image.

버스   비행기   지하철   차   트럭

| 트럭 | 지하철 | 차 | 비행기 | 버스 |

●B. Find the picture that corresponds to each word you hear and write its number and the word in the appropriate space. 🎧

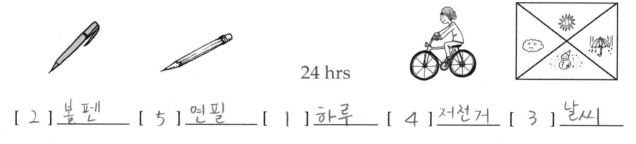

24 hrs

[2] 볼펜   [5] 연필   [1] 하루   [4] 자전거   [3] 날씨

C. Select two semantically related words and write them in the corresponding boxes.

가깝다   어렵다   까지   덥다   멀다   쉽다   얼마나   (으)로   조금   춥다

Particle	Distance	Quantity	Weather	Difficulty
까지	가깝다	얼마나	덥다	어렵다
(으)로	멀다	조금	춥다	쉽다

D. Connect each of the phrases in the left column with the most appropriate predicate in the right column.

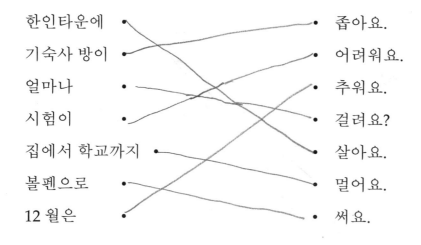

한인타운에　　　　　　　　　좋아요.

기숙사 방이　　　　　　　　　어려워요.

얼마나　　　　　　　　　　　추워요.

시험이　　　　　　　　　　　걸려요?

집에서 학교까지　　　　　　　살아요.

볼펜으로　　　　　　　　　　멀어요.

12 월은　　　　　　　　　　써요.

E. Choose a word from the box below and write it in the left column next to the corresponding activity.

매일　매주　매달　매년 (매- 'every')

매일	학교에 가요.
매일	도서관에 가요.
매주	운동해요.
매주	테니스를 연습해요.
매주	햄버거를 먹어요.
매주	한국에 가요.
매달	쇼핑해요.
매일	책을 읽어요.
매년	어머니를 만나요.
매일	텔레비전을 봐요.
매달	커피숍에서 일해요.

F. Fill in the blanks with the appropriate expression provided in the box.

보통 얼마나 아주 조금 쯤

1. A: 학교 기숙사에서 학생회관까지 __얼마나__ 걸려요?

   B: 10 분 __쯤__ 걸려요.

2. A: __보통__ 몇 시에 학교에 가요?

   B: 8 시에 가요.

3. A: 텔레비전에서 한국 드라마 ('drama') 봐요?

   네, 봐요. __아주__ 재미있어요!

   B: 저도 봐요. 그런데 __조금__ 어려워요.

G. Fill in the blanks with the appropriate particle provided in the box. You can use a particle more than once.

(으)로 까지 에 에서

1. A: 보통 어디__에서__ 공부해요?

   B: 보통 기숙사__에서__ 공부해요.

2. A: 집__에서__ 학교__까지__ 얼마나 걸려요?

   B: 버스__로__ 40 분쯤 걸려요.

3. A: 백화점__에__ 어떻게 가요?

   B: 지하철__로__ 가요.

4. A: 보통 집 __에서__ 몇 시__에__ 나와요? ('to come out')

   B: 아침 8 시 30 분__에__ 나와요.

5. A: 한국어 수업 시간에 영어___론__여써__ 말하세요?

    B: 아니요, 한국말__로____에서__ 해요.

6. A: 제니씨는 어디__에서____ 살아요?

    B: 저는 학교 앞 __에서__ 살아요.

H. Look at the images below and create questions and answers as in 1.

1.
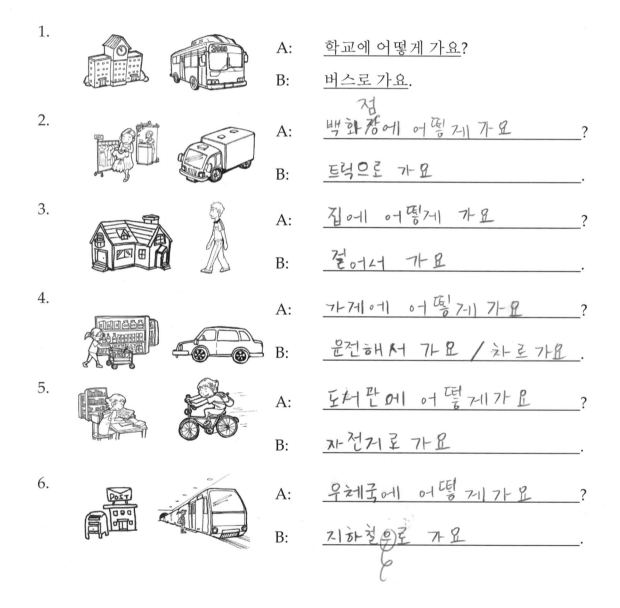

A: 학교에 어떻게 가요?

B: 버스로 가요.

2.

A: 백화점에 어떻게 가요 ?

B: 트럭으로 가요 .

3.

A: 집에 어떻게 가요 ?

B: 걸어서 가요 .

4.

A: 가게에 어떻게 가요 ?

B: 운전해서 가요 / 차로 가요 .

5.

A: 도서관에 어떻게 가요 ?

B: 자전거로 가요 .

6.

A: 우체국에 어떻게 가요 ?

B: 지하철으로 가요 .

I. Create full sentences based on the information provided in the table.

	From	**To**	**By**	**Time**
1.	NY	Boston	car	5 hrs
2.	LA	Hawai'i	plane	6 hrs
3.	Korea	Japan	plane	2 hrs
4.	dorm	school	bike	15 min
5.	apartment	post office	walking	20 min
6.	home	Koreatown	subway	1 1/2 hrs

1. <u>뉴욕에서 보스톤까지 차로 다섯 시간 걸려요</u>.

2. <u>로스앤젤레스에서 하와이까지 비행기로 여섯 시간 걸려요</u>.

3. <u>한국에서 일본까지 비행기로 두시간 걸려요</u>.

4. <u>기숙사에서 학교까지 자전거로 십오분 걸려요</u>.

5. <u>아파트에서 우체국까지 걸어서 이십분 걸려요</u>.

6. <u>집에서 한인타운까지 지하철으로 한시반 걸려요</u>.

J. Fill in the boxes with the appropriate forms of the predicates. Be careful with the *irregular* predicates.

춥다	추워요		듣다	들어요
덥다	더워요		멀다	멀어요
걸리다	걸려요		어렵다	어려워요
가깝다	가까워요		걷다	걸어요
좁다	좁아요		쓰다	써요

K. Fill in the blanks with the correct ~어요/아요 forms of the /ㅂ/ predicates in the box.

가깝다   덥다   쉽다   어렵다   춥다   좁다

1.   8월에는 날씨가 __더워요__.

2.   한국어는 __쉬워요__. 그리고 아주 재미있어요.

3.   집에서 학교까지 참 __가까워요__. 걸어서 3분 걸려요.

4.   오늘은 30°(F)예요. 날씨가 __추워요__.

5.   생물학 시험이 __어려워요__. 그래서 매일 공부해요.

6.   제 방은 아주 __좁아요__. 그런데 제 친구 방은 아주 넓어요.

L. Complete the following dialogues by filling in the blanks with appropriate words from the box below. Use one adverb and one predicate for each line.

Adverbials	걸어서	어디	얼마나	아주
Predicates	가까워요	가요	살아요	걸려요

1.   마이클: 제니 씨, __어디__ __살아요__?
    제니: 한인타운에 살아요.
    마이클: 집에서 학교까지 __얼마나__ __걸려요__?
    제니: 버스로 30분쯤 걸려요.

2.   제니: 마이클 씨, 집에서 학교까지 멀어요?
    마이클: 아니요, __아주__ __가까워요__.
          저는 학교 앞 아파트에 살아요.
    제니: 그럼 학교에 어떻게 가요?
          보통 __걸어서__ __가요__.

M. Listen to the dialogue between Michael and Jenny and circle the correct answer.

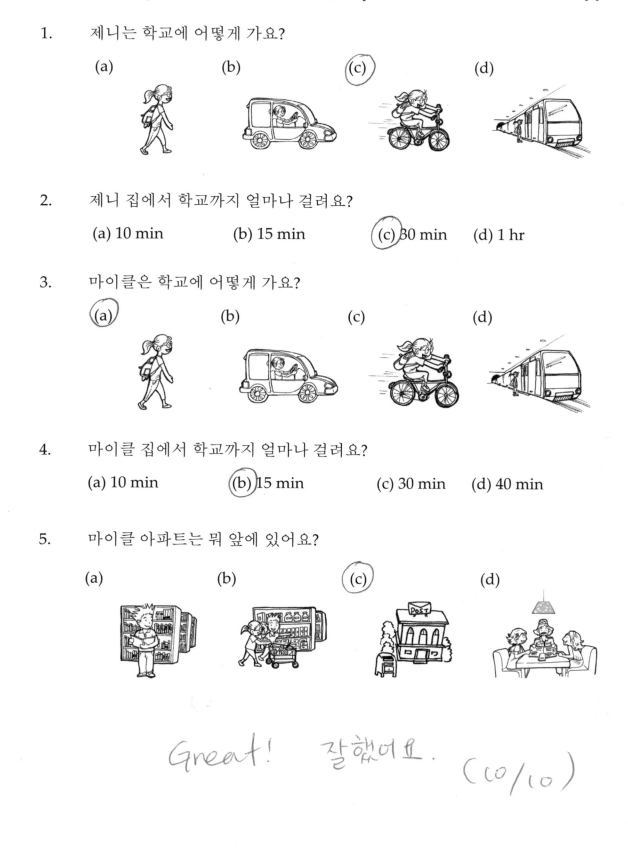

1.   제니는 학교에 어떻게 가요?

(a)   (b)   (c)   (d)

2.   제니 집에서 학교까지 얼마나 걸려요?

(a) 10 min   (b) 15 min   (c) 30 min   (d) 1 hr

3.   마이클은 학교에 어떻게 가요?

(a)   (b)   (c)   (d)

4.   마이클 집에서 학교까지 얼마나 걸려요?

(a) 10 min   (b) 15 min   (c) 30 min   (d) 40 min

5.   마이클 아파트는 뭐 앞에 있어요?

(a)   (b)   (c)   (d)

Great!   잘했어요.   (10/10)

CONVERSATION 2 | 어제 뭐 했어요?

A. Select two semantically related words and write them in the corresponding box.

안   수영   주말   못   파티   어제

Negation	For fun	Time
안	수영	주말
못	파티	어제

B. Choose a word below and write it beneath the corresponding image.

수영장   전화   주말   파티   공원

파티	주말	수영장	전화	공원

C. Find each word you hear and write its number and the word in the appropriate blanks.

yesterday   tomorrow   Sunday   weekend   AM   PM

[4] 어제   [6] 내일   [3] 일요일   [2] 주말   [1] 오전   [5] 오후

D. Complete the table below.

	English	~어/아요	~었/았어요
가다	'to go'	가요	갔어요

든다	to listen / to take a course	들어요	들/든었어요
맛있다	to be delicious	맛있어요	맛있었어요
먹다	to eat	먹어요	먹었어요
바쁘다	to be busy	바빠요	바빴어요
수영하다	to swim	수영해요	수영했어요
쓰다	to write	써요	썼어요
앉다	'to sit'	앉아요	앉았어요
일어나다	to get up	일어나요	일어났어요
춥다	to be cold	추워요	추웠어요

E. Connect each of the phrases in the left column with the appropriate predicate in the right column.

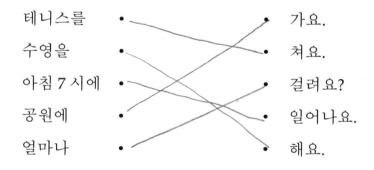

테니스를 •   • 가요.

수영을 •   • 쳐요.

아침 7 시에 •   • 걸려요?

공원에 •   • 일어나요.

얼마나 •   • 해요.

F. Describe the following actions in the past tense using the ~ㅆ/었/았어요 form.

| 공부했어요 | 테니스쳤어요 | 읽었어요 | 전화했어요 | 안녕했어요 | 걸었어요 |

G. Change the following dialogue into the past tense.

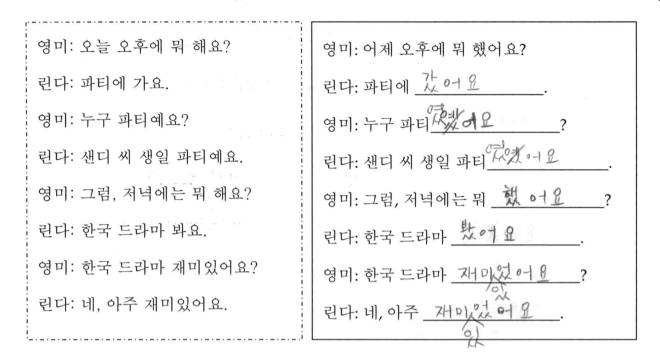

영미: 오늘 오후에 뭐 해요?

린다: 파티에 가요.

영미: 누구 파티예요?

린다: 샌디 씨 생일 파티예요.

영미: 그럼, 저녁에는 뭐 해요?

린다: 한국 드라마 봐요.

영미: 한국 드라마 재미있어요?

린다: 네, 아주 재미있어요.

영미: 어제 오후에 뭐 했어요?

린다: 파티에 <u>갔어요</u>.

영미: 누구 파티 <u>였어요</u>?

린다: 샌디 씨 생일 파티 <u>였어요</u>.

영미: 그럼, 저녁에는 뭐 <u>했어요</u>?

린다: 한국 드라마 <u>봤어요</u>.

영미: 한국 드라마 <u>재미있었어요</u>?

린다: 네, 아주 <u>재미있었어요</u>.

H. Create a question and an answer for each image provided.

1.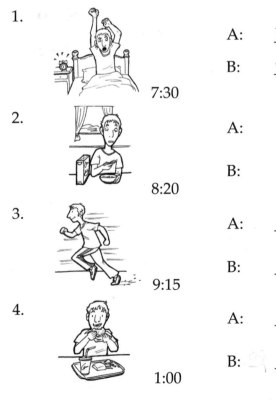

7:30

A: <u>몇 시에 일어났어요?</u>

B: <u>일곱 시 삼십 분에 일어났어요.</u>

2.

8:20

A: <u>몇 시에 아침을 먹었어요</u>?

B: <u>여덟 시 이십 분에 아침을 먹었어요</u>.

3.

9:15

A: <u>몇 시에 운동했어요</u>?

B: <u>아홉 시에 십오 분에 운동했어요</u>.

4.

1:00

A: <u>몇 시에 점심 먹었어요</u>?

B: <u>오후 한 시에 점심을 먹었어요</u>.

5. 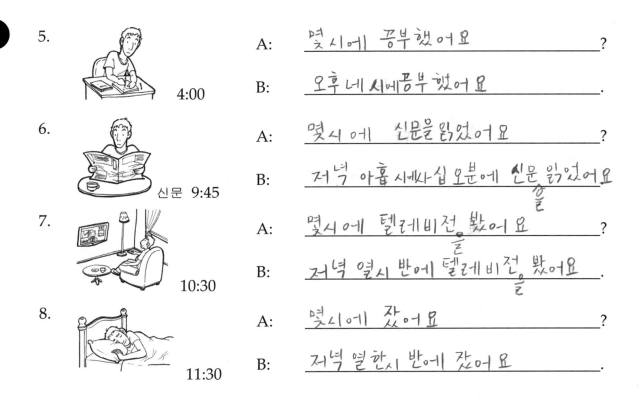 4:00

A: 몇 시에 공부했어요 ?

B: 오후 네 시에 공부했어요 .

6. 신문 9:45

A: 몇 시에 신문을 읽었어요 ?

B: 저녁 아홉 시 사십 오분에 신문을 읽었어요 .

7. 10:30

A: 몇 시에 텔레비전을 봤어요 ?

B: 저녁 열시 반에 텔레비전을 봤어요 .

8. 11:30

A: 몇 시에 잤어요 ?

B: 저녁 열한시 반에 잤어요 .

I. Read the following passage and <u>underline</u> the predicates (in bold) if they need to be changed into the present form ~어/아요. (Circle) the predicates if they need to be changed into the past form ~ㅆ/었/았어요.

저는 보통 7시에 **일어나다**. 그리고 8시에 아침을 **먹다**. 어제는 친구를 **만나다**.
그리고 친구하고 테니스를 **치다**. 그래서 9시에 학교 식당에서 아침을 **먹다** 친구
이름은 제임스**이다**. 제임스도 이번 학기에 한국어 수업을 **듣다**. 한국어 수업은
월요일, 수요일, 금요일 오후 1시에 **있다**. 그런데 어제는 수업이 **없다** 그래서
제임스하고 같이 한국 영화*를 보러 한인타운에 **가다** 영화가 아주 **재미있다**.
집에서 한인타운까지는 조금 **멀다**. 그래서 버스로 **가다**. 어제 하루는 아주 **바쁘다**

*영화 'movie'

J. The following is Minji's journal. Fill in the blanks using the verbs and adjectives given in the box.

가까워요
가요
갔어요
마셨어요
많았어요
맛있었어요
먹었어요
어려웠어요
일어났어요
있었어요
잤어요

어제는 아침 9 시에 __일어났어요__. 그래서 한국어 수업에 못 갔어요.

아침도 못 __먹었어요__. 주스만 __마셨어요__. 11 시에는

생물학 시험이 있었어요. 아주 __어려웠어요__. 점심은 학교 식당에서

친구들하고 같이 __갔어요 먹었어요__. 음식이 참 __맛있었어요__. 그리고

숙제(하러) 도서관에 __있었어요 갔어요__. 도서관은 기숙사에서

__가7가워요__. 그래서 도서관에 매일 __가요__. 어제는 숙제가 너무

__많았어요__. 그래서 밤 ('night') 12 시에 __잤어요__.

K. Insert the negative 안 in the correct position within each sentence.

1.   저는 매일 [   ] 학교에 [**안**] 가요.

2.   마이클 씨는 [   ] 점심을 [안] 먹어요.

3.   주말에 집에 [   ] 전화 [안] 해요.

4.   매일 [   ] 수영하러 [안] 가요.

5.   유미는 학교 도서관에서 [   ] 일 [안] 해요.

6.   토요일에 린다하고 [   ] 같이 [   ] 공부 [안] 해요.

L. Provide the negative form of the predicate in *italics* as in 1.

1.   내일은 학교에 *가요.*   →   안 가요.

2.   오늘 시험이 *있어요.*   →   없어요.

3.   유미 전화 번호('number') *알아요.* →   몰라요.

4. 저는 보통 집에서 공부해요. → _공부 안 해요_.

5. 식당 음식이 맛있어요. → _맛없어요_.

6. 유미는 제 여자 친구예요. → _아니에요_.

7. 수업이 재미있어요. → _재미없어요_.

M. Yesterday, everyone in Korean class had such a hectic schedule they couldn't do their usual activities as they were supposed to. Complete the sentences below using the negative 못. Make sure to change the verbs using the past suffix ~ㅆ/었/았어요.

어제 . . .

이 선생님은 _한국어 못 가르쳤어요_	영미는 _음악 못 들었어요_
샌디는 _전화 못 했어요_	마이클은 _수영 못 했어요_
스티브는 _테니스 못 쳤어요_	에드워드는 _텔레비전 못 봤어요_

N. Complete the following dialogues by filling in the blanks with the appropriate words from the box below. Use one word from (a) and (b) for each pair of blanks if necessary.

| (a) | 뭐 | 못 | 수영 | 안 | 얼마나 | 잘 | 조금 |
| (b) | | 가요 | 쳤어요 | 해요 | 했어요 | 알다 |

1.   마이클: 유미 씨, 지난 토요일에 <u>뭐</u> <u>했어요</u>?

      유미: 수영장에서 수영했어요.

      마이클: 보통 누구하고 <u>수영</u> <u>해요</u>?

      유미: 친구 리사하고 같이 해요.

2.   유미: 마크 씨, 어제 수영했어요?

      마크: 아니요, 저는 수영 <u>안</u> <u>했어요</u>.

            어제 테니스장에서 테니스 쳤어요.

      유미: 테니스 <u>얼마나</u> <u>쳤어요</u>?

      마크: 한 시간쯤 쳤어요.

      유미: 오늘도 테니스 치세요?

      마크: 아니요, 오늘은 테니스장에 <u>안</u> <u>가요</u>.

3.   유미: 마크 씨, 한국 역사를 <u>잘</u> <u>아라요</u>?
                           알아요(아세요)

      마크: 아니요. 잘 몰라요.

      유미: 그럼 한국어는 어때요?

      마크: 한국어는 <u>조금</u> <u>아라요</u>.
                           알아요

O. Listen to the dialogue and determine whether the following statements are T(rue) or F(alse). 🎧

1.   __F__ Michael lives in a dorm.

2.   __F__ Michael rarely eats lunch at school.

3.   __T__ Today, Michael will eat lunch at home because he has no class.

4.   __F__ Linda lives with her parents.

5.   __T__ Linda usually eats lunch at the dorm cafeteria.

WRAP-UP EXERCISES

A. Insert the missing vowels and consonants to complete the following words.

1.

영	필

'pencil'

2.

지	하	철

'subway'

3.

비	행	기

'airplane'

4.

얼	마	나

'how long'

5.

수	영	장

'swimming pool'

6.

음	~~유~~ 악

'music'

B. Listen carefully. Repeat each sentence in each pair, paying close attention to the differences between the two expressions. One sentence in each pair will be repeated. Circle the one you hear.

1.   못 왔어요.   몰랐어요.
2.   집까지 얼마나 걸려요?   집까지 얼마나 걸어요?
3.   방이 작아요?   방이 좁아요?
4.   많았어요.   만났어요.
5.   집이 멀어요?   집이 넓어요?
6.   저하고 같이 가요.   저하고 파티 가요.
7.   주스 안 마셨어요   주스 안 맛있어요.
8.   10분도 안 걸렸어요.   10분도 안 걸었어요.
9.   친구 만났어요?   친구 안 왔어요?
10. 어땠어요?   어떠세요?

C. Put the given words in order and make a sentence as in 1. Use the necessary particles. ●

1. 수영하다 / 내일 / 마이클 / 수영장

    <u>내일 마이클하고 수영장에서 수영해요.</u>

2. 걸리다 / 집 / 지하철 / 한 시간 / 학교

    <u>집에서 학교까지 지하철로 한 시간 걸려요</u>.

3. 보스톤 / 뉴욕 / 가깝다

    <u>보스톤에서 뉴욕까지 가까워요</u>.

4. 기숙사 / 걷다 / 우체국 / 가다

    <u>기숙사에서 우체국까지 걸어서 가요</u>.

5. 린다 / 저녁 / 식당 / 먹다 / 5시 30분

    <u>린다를 식당에서 저녁을 여섯시 삼십분을 먹어요</u>

6. 듣다/ 오전/ 정치학 수업/ 11시/ 유니온 빌딩

    <u>오전 열한시에 유니온빌딩에서 정치학 수업을 들어요</u>.

D. Listen to the narration about Michael's daily activities and put the time of occurrence in the left column. If you find an activity that didn't involve Michael today, put an X in the corresponding box. 🎧

1.

9	학교에 버스로 갔어요.
8:00 AM	생물학 수업이 있었어요.
X	아침을 먹었어요.
7:30 AM	일어났어요.

2.

2:00 PM	경제학 수업을 들었어요.
X	서점에 갔어요.
3:00 PM	텔레비전을 봤어요.
5:00 PM	학교 식당에 갔어요.
X	한국어 수업을 들었어요.

Good !
Keep going! =)

● E. Interview a classmate and write down the answers to the following questions.

1.   집이 어디예요? / 집이 어디에 있어요?

보스톤이에요   .

2.   집에서 학교까지 얼마나 걸려요?

자전거로 세(삼)분쯤 걸려요   .

3.   학교에 몇 시에 와요?

아홉 시에 와요   .

4.   한국어 수업이 몇 시에 있어요?

열 시에 있어요   .

5.   아침 수업이 몇 시에 있어요? / 오후 수업이 몇 시에 있어요?

아침 수업이 열시에 있어요   .

● F. Listen to the questions and write your own answers to them.

1.   여덟 시에 일어나요   .

2.   걸어서 가요   .

3.   공부했어요   .

4.   추웠어요   .

5.   아니요, 잘 못쳐요   .

—에   — 에서

G. Translate the following sentences into Korean.

1. I don't go to school every day.

저는 매일 학교에(서) 안 가요

2. How long does it take to get from New York to Boston?

뉴욕에서 보스톤 까지 얼마나 걸려요 ?

3. Do your homework with a ballpoint pen.

볼펜으로 숙제를 해요

4. Why did you swim alone yesterday?

혼자
어제(가) 왜 수영했어요 ?

5. My dorm room is too narrow and hot.

이
제 기숙사 방(에) 좋아요 하고 더워요
아주   그리고

H. List five things you did last weekend.

지난   에
1. 어제 주말 공부했어요

2. 테니스장 에서 테니스을/를 쳤어요

3. 집에서 텔레비젼을 봤어요

4. 커피숍 에서 커피를 마셨어요

5. 수영 했어요

I. List five things you did not or could not do last weekend.

1. 학교 식당에서 안 갔어요 .
2. 한국어 수업을 못 들었어요 .
3. 백화점에서 쇼핑 못 했어요 .
4. 뉴욕에 가 못 갔어요 .
5. 컴퓨터 랩 에서 공부 안 했어요 .

J. Using the information from H and I above, write about your last weekend.

지난 주말 날씨가 좋았어요. 그래서 어제 뉴유에 가 못 갔어요. 토요일에 공부
했어요. 그런데 컴퓨터 랩 에서 공부 안 했어요. 학교 식당에서 안 갔어요. 집
에서 먹었어요. 일요일 아침에 친구하고 같이 커피숍에서 커피를 마셨어
요. 오후에 세 시 삼십분에 수영장 수영 했어요. 백화점 에서 쇼핑 못 했어
요. 저녁에 집에서 텔레비전을 봤어요.

K. Write a short paragraph to describe Tom's daily routine based on the images provided below. Images are provided for the three first activities only. Use your own imagination to complete the paragraph.

| 7:00 AM | 7:30 AM | 8:00 AM |

톰의 하루

톰은 보통 7시에 일어나요. 매일 한국어 수업에 10시에 가요. 그래서 아침은 8시에 먹어요. 11시에는 생물학 시험이 있어요. 오후 1시에 점심을 먹어요. 3시에 운동해요. 4시에 공부해요. 저녁 9시에 신문을 읽어요. 10시에 텔레비전을 봐요. 11시에 자요.

L. Rewrite the following passage using the past suffix ~었/았어요.

스티브는 **이번 학기에** 세 과목만 들어요. 한국 역사, 일본 역사, 그리고 일본어를 들어요. 한국어는 이번 학기에는 안 들어요. 그래서 학교에 매일 안 가요. 한국 역사하고 일본 역사는 재미있어요. 그런데 일본어는 숙제가 많아요. 그리고 어려워요. 그래서 시간이 걸려요. 스티브는 오전에만 수업이 있어요. 그래서 주말하고 오후에는 도서관에 일하러 가요.

스티브는 **지난 학기에** 세 과목만 들었어요. 한국 역사, 일본 역사, 그리고 일본어를 들었어요. 한국어는 지난 학기에는 안 들었어요. 그래서 학교에 매일 안 갔어요. 한국 역사하고 일본 역사는 재미있었어요. 그런데 일본어는 숙제가 많았어요. 그리고 어려웠어요. 그래서 시간이 걸렸어요. 스티브는 오전에만 수업이 있었어요. 그래서 주말하고 오후에는 도서관에 일하러 갔어요

M. Complete the dialogue between Steve and Yumi based on the information provided in the passage in L.

유미:　　　　스티브 씨, 이번 학기에 몇 과목 들어요?

스티브:　　　저는 이번 학기에 세 과목만 들어요.

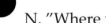
무 (v)

유미:　무슨 과목 들어요?

스티브:　한국 역사, 일본 역사, 그리고 일본어를 들어요

유미:　한국어는 이번 학기에는 들어요?

스티브:　안 들어요. 그래서 학교에 매일 안 가요

유미:　한국 역사하고 일본 역사는 어땠어요? 어때요?

스티브:　재미있어요.

N. "Where were you yesterday afternoon?"

There was a burglary in the neighborhood yesterday afternoon between 2 PM and 5 PM. Read the following alibi statements from four neighbors and determine whose statement is inconsistent with the other statements.

수잔
매일 갔다 (하루 동안)
저는 어제 오후 2 시에 집에서 텔레비전을 봤어요. 2 시간 봤어요 (과거). 그리고 4 시에 4시에 3시에~ 대해 데니하고 공원에서 테니스를 쳤어요. 집에 6 시에 왔어요.
6시 10분

마크
저는 어제 오후 2 시에 선물을 사러 백화점에 갔어요. 걸어서 20 분 걸렸어요. 백화점에서 린다를 만났어요. 같이 우리 집에 갔어요. 버스로 갔어요. 6 시에 우리 집에서 린다하고 같이 저녁을 먹었어요.

린다
어제 오후 1 시에 서점에 갔어요. 그리고 2 시에 백화점에 갔어요. 백화점에서 마크 씨를 만났어요. 마크 씨하고 같이 쇼핑했어요. 마크 씨는 걸어서 집에 갔어요. 저는 버스로 마크 씨 집에 갔어요. 6 시에 마크 씨 집에서 같이 저녁을 먹었어요.

데니
어제 갔다 (오후에)
어제 오후 2 시에 도서관에 있었어요. 도서관에 3 시 30 분까지 있었어요. 버스 안에서 린다 씨를 만났어요. 4 시에 수잔 씨하고 공원에서 테니스를 쳤어요.

O. Based on the statements made by 수잔, 마크, 린다, and 데니 in N above, create short dialogues between a detective and a witness as specified in the instructions. Include at least one response from each witness.

1.   Include the negation 안 or 못 in each answer.

Detective: _____?

[   ]:   _____.

Detective: _____?

[   ]:   _____.

2.   Include time expressions in each answer.

Detective: _____?

[   ]:   _____.

Detective: _____?

[   ]:   _____.

3.   Include means of transportation in each answer.

Detective: _____?

[   ]:   _____.

Detective: _____?

[   ]:   _____.

7과 주말 [The Weekend]

CONVERSATION 1	친구하고 영화 볼 거예요.

A. Find the picture that corresponds to each word you hear and write its number and word in the appropriate space. 🎧

[5] 영화   [2] 꽃   [4] 여행   [1] 남자친구   [6] 나라

3 극장

B. Connect each word in the left column with related words in the right column.

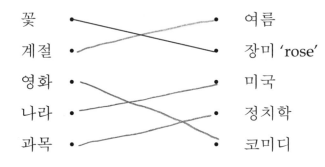

꽃 •   • 여름
계절 •   • 장미 'rose'
영화 •   • 미국
나라 •   • 정치학
과목 •   • 코미디

C. Fill in the [   ] with the appropriate words.

1.   [어제] – 오늘 – 내일

2.   [지난] 주말 – 이번 주말 – [다음] 주말

3.   금요일 – [토요일] – 일요일 – [월요일]

D. Fill in the blanks with the appropriate words from the box.

내년 방학 아마 약속 자주 정말

1. 저는 지금 대학교 4 학년이에요. __내년__ 에 대학원에 갈 거예요.

2. 오늘은 친구하고 __약속__ 이 있어요. 극장에 영화 보러 가요.

3. 이번 __방학__ 에 한국에 갈 거예요. 한국에서 한국어를 배울 거예요.

4. 리사는 매일 한국어를 열심히 공부해요. 오늘도 __아마__ 컴퓨터 랩에서 한국어를 연습할 거예요.

5. 마이클은 테니스를 __정말__ 좋아해요. 그래서 테니스를 __자주__ 쳐요. 월요일, 수요일, 금요일에 쳐요.

E. Fill in the blanks as you listen to the following conversations. 🎧

1. 마이클: 리사 씨, __방학__ 에 뭐 할 거예요?

   리사: 친구들하고 같이 __여행__ 할 거예요.

2. 스티브: 저는 __대학생__ 이에요.

   리사: 저는 __대학원생__ 이에요.

3. 리사: 유미 씨, 소피아 씨는 __어느__ 나라 사람이에요?

   유미: 소피아 씨는 __아마__ 중국 사람일 거예요.

F. Conjugate the predicates into the following patterns. Irregular predicates are marked with *.

Dictionary form	~어/아요	~었/았어요	~(으)ㄹ 거예요
가다	가요	갔어요	갈 거예요

? 오다	와요	왔어요	올 거예요
바쁘다	바빠요	바빴어요	바쁠 거예요
? 오다	와요	왔어요	올 거예요
일하다	일해요	일했어요	일할 거예요
이다	이에요/예요	이었어요/였어요	일 거예요
먹다	먹어요	먹었어요	먹을 거예요
받다	받아요	받았어요	받을 거예요
살다*	살아요	살았어요	살을 거예요
걷다*	걸어요	걸었어요	걸을 거예요
어렵다*	어려워요	어려웠어요	어려울 거예요

G. Predict the weather on the following days using the ~(으)ㄹ 거예요 pattern.

1. Today   오늘은 날씨가 좋을 거예요.

2. Tomorrow   내일은 날씨가 더울 거예요.

3. Saturday 흐리다 'to be cloudy'   토요일은 날씨가 흐릴 거예요.

4. Sunday   일요일은 날씨가 추울 거예요.

H. Based on the given situation, make a prediction using the ~(으)ㄹ거예요 form.

1. 스티브는 아침 10 시에 일어났어요.

그래서 수업에 아마 못 갈 거예요.

2. 리사는 어제 시험 공부를 못 했어요.

그래서 _오늘 공부를 할 거예요_ .

3. 소피아 동생이 이번 여름 방학에 소피아를 보러 와요.

그래서 _아마 못 여행할 거예요_ .

4. 마이클은 오늘 친구들하고 한국 식당에 갈 거예요. 그런데 마이클은
고기('meat')를 안 좋아해요.

그래서 _다음 주말 한국 식당에서 고기를 안 먹을 거예요._

5. 스티브는 오전에 선생님하고 약속이 있어요. 오후에는 마이클하고 약속이
있어요. 그리고 저녁에는 리사 생일 파티도 있어요.

그래서 _오늘 정말 바쁠 거예요_ .

I. Linda has a busy schedule tomorrow. Describe her schedule in full sentences using
the ~(으)ㄹ 거예요 pattern.

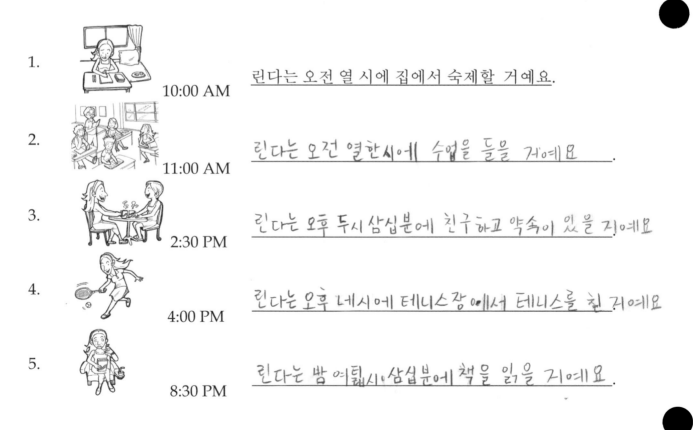

1. 10:00 AM _린다는 오전 열 시에 집에서 숙제할 거예요._

2. 11:00 AM _린다는 오전 열한시에 수업을 들을 거예요_ .

3. 2:30 PM _린다는 오후 두시 삼십분에 친구하고 약속이 있을 거예요_

4. 4:00 PM _린다는 오후 네시에 테니스장에서 테니스를 칠 거예요_

5. 8:30 PM _린다는 밤 여덟시 삼십분에 책을 읽을 거예요._

J. Translate the following sentences into Korean.

1. What are you going to do next weekend?

   다음 주말에 뭐 할 거예요 ?

2. Michael is going to travel with his older brother.

   마이클은 형하고 여행 할 거예요 .

3. It is going to be hot today. So I am going to go swimming in the afternoon.

   오늘은 더울 거예요. 그래서 오후에 수영 하러 갈 거예요 .

4. Lisa is probably going to take economics and political science classes next semester.

   다음 학기에 리사는 경제학 하고 정치학을 들을 거예요 .

5. Sophia is going to attend graduate school next year.

   내년에 소피아는 대학원에 갈 거예요 .

K. Choose and circle 무슨 or 어느 in the following dialogues.

1. A: [무슨 어느] 꽃을 좋아하세요?

   B: 장미('rose')를 좋아해요.

2. A: [무슨, 어느] 나라 사람이세요?

   B: 영국 사람이에요.

3. A: [무슨, 어느] 식당에 자주 가세요?

   B: 서울식당에 자주 가요.

4. A: [무슨, 어느] 선물 받았어요?

   B: 컴퓨터를 받았어요.

5. A: [무슨, 어느] 학교 학생이에요?

   B: 뉴욕 대학교 학생이에요.

L. Complete the following dialogue using 무슨 or 어느.

린다: 시험이 (1) ___어느 무슨___ 요일에 있어요?

유미: 목요일에 있어요.

린다: 아, 그래요? 그럼 주말에 같이 영화 보러 가요.

유미: 좋아요. (2) ___무슨___ 영화를 좋아하세요?

린다: 저는 코미디 영화를 좋아해요.

　　　유미 씨는 (3) ___어느___ 나라 영화를 좋아하세요?

유미: 저는 한국 영화를 정말 좋아해요.

린다: 저도요. 그런데, (4) ___어느___ 극장에 자주 가세요?

유미: 브로드웨이 극장에 자주 가요.

린다: 그럼, 토요일에 브로드웨이 극장에서 한국 코미디 영화를 봐요.

유미: 네, 좋아요.

M. Fill in the blanks as you listen to the following questions. 🎧

1. 　어느 ___나라___ 사람이세요?

2. 　무슨 ___음식을___ 좋아하세요?

3. 　어느 ___극장에___ 자주 가세요?

4. 　오늘 무슨 ___요일이___ 이에요?

5. 　오늘 무슨 ___시험이___ 있어요?

6. 　지난 생일에 무슨 ___선물을___ 받았어요?

N. Write your own answers to the questions in M.

1. 어느 중국 사람 어제요 이에요 _____.

2. 중국음식을 좋아하세요 해요 _____.

3. 어느 브로드웨이 극장에 자주 가세요 — 에 자주 가요. _____.

4. 화요일에 있어요 이에요 _____.

5. 정치학이 있어요 _____.

6. 책색을 받았어요 _____.

O. Listen to the dialogue between Linda and Steve and answer the following questions.

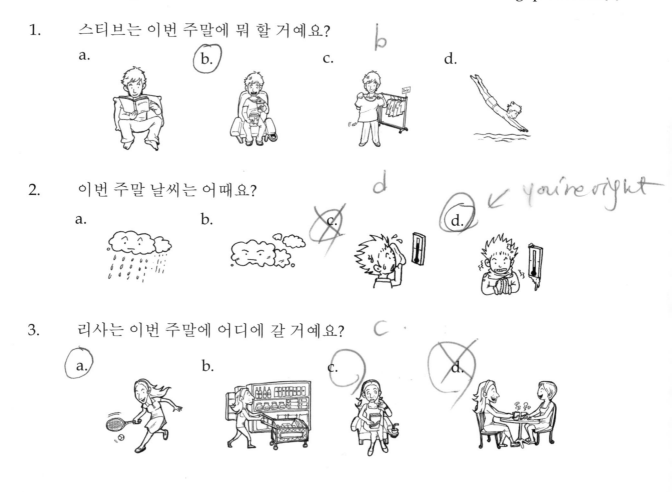

1. 스티브는 이번 주말에 뭐 할 거예요?

   a.   b.   c.   d.

2. 이번 주말 날씨는 어때요?

   a.   b.   c.   d. ← you're right

3. 리사는 이번 주말에 어디에 갈 거예요?

   a.   b.   c.   d.

CONVERSATION 2 파티에 안 갈 거예요?

A. Find the picture that corresponds to each word you hear and write its number and the word in the appropriate box.

[2] 마켓   [4] 가을   [1] 신문   [5] 심리학   [3] 크리스마스

B. Fill in the blanks with the appropriate forms of the 보다 verb.

1. 저는 신문을 매일 안 <u>봐요</u>.

2. 내일은 친구하고 영화를 <u>볼</u> 거예요.

3. 어제 시험을 <u>봤어요</u>. 그런데 시험이 아주 어려웠어요.

4. 집에 음식이 없어요. 같이 장 <u>보</u> 러 가요.

C. Fill in the blanks with the appropriate word from the box.

| 가을 겨울 봄 사촌 전공 주 |

1. 리사 <u>전공</u> 은 심리학이에요.

2. 다음 <u>주</u> 에 언니하고 여행 갈 거예요.

3. 저는 형하고 동생이 없어요. 그런데 <u>사촌</u> 은 많아요.

4. 한국에는 사계절('four seasons')이 있어요. <u>봄</u>, 여름, <u>가을</u>, <u>겨울</u> 이 있어요.

D. Try to guess the meaning of the boldfaced syllable in each noun below.

다음**주**	**주**: week
주말	

극장	**장**: place
수영**장**	

내일	**내**: next
내년	

심리**학**	**학**: subject
정치**학**	

E. Describe the following actions.

일어나요	수영 해요	쇼핑 해요	음식 준비 해요 (요리해요)

이야기해요	설거지 해요	음악을 들어요 읽어요	청소해요

F. Fill in the blanks with the appropriate word from the box.

가끔	많이	서로	아마	자주	참

1. 제 사촌하고 저는 지난 학기에 아주 바빴어요. 그래서 __서로__ 자주 못 만났어요.

2. 저는 운동을 안 좋아해요. 그래서 __가끔__ 운동해요.

3. 소피아는 수영을 좋아해요. 그래서 __자주__ 수영장에 가요.

4.   스티브가 어제 시험 공부를 안 했어요. 그래서 오늘 ___아마___
      시험을 잘 못 볼 거예요.

5.   지난 주말에 친구들하고 오래간만에 이야기를 ___많이___ 했어요.

6.   A: ___참___, 토요일에 리사 파티에 가세요?
      B: 네, 갈 거예요.

G. Listen carefully and find out who is doing which activity. Connect each person with the corresponding box below.

H. Combine the following pairs of sentences using the clausal connective ~고.

1.   스티브는 하와이에서 살아요. 그리고 마이클은 보스톤에서 살아요.
      <u>스티브는 하와이에서 살고 마이클은 보스톤에서 살아요.</u>

2.   린다는 코메디 영화를 좋아해요. 그리고 리사는 액션 영화를 좋아해요.
      린다는 코메디 영화를 좋고 리사는 액션 영화를 좋아해요.

3.   기숙사 식당 음식이 맛있어요. 그리고 싸요.
      기숙사 식당음식이 맛있고 싸요.

4. 저는 3 학년이에요. 그리고 제 동생은 1 학년이에요.

   <u>저는 3학년이고 제동생은 1학년이에요</u> .

5. 리사는 주말에 테니스를 쳤어요. 그리고 영화도 봤어요.

   <u>리사는 주말에 테니스를 치고 영화도 봤어요</u> .

6. 마이클은 음악을 들을 거예요. 그리고 스티브는 수영을 할 거예요.

   <u>마이클은 음악을 들을 거고 스티브는 수영을 할 거예요</u> .
   들고

I. Answer the following questions using the words from the box with the clausal connective ~고.

나쁘다	넓다	덥다	많다	비싸다	쉽다	싸다	어렵다
예쁘다	재미없다	재미있다	좋다	춥다	크다	흐리다	

1. A: 음식이 어때요?

   B: <u>맛있고</u> <u>싸요</u> .

2. A: 도서관이 어때요 ?

   B: <u>넓</u> 고 <u>커요</u> .

3. A: 한국 옷이 어때요?

   B: <u>예쁘</u> 고 <u>비싸요</u> .

4. A: 영화가 어땠어요?

   B: <u>재미있</u> 고 <u>좋았어요</u> .

5. A: 뉴욕 겨울 날씨가 어땠어요?

   B: <u>춥</u> 고 <u>흐렸어요</u> .

J. Look at the following pictures and describe the people's actions.

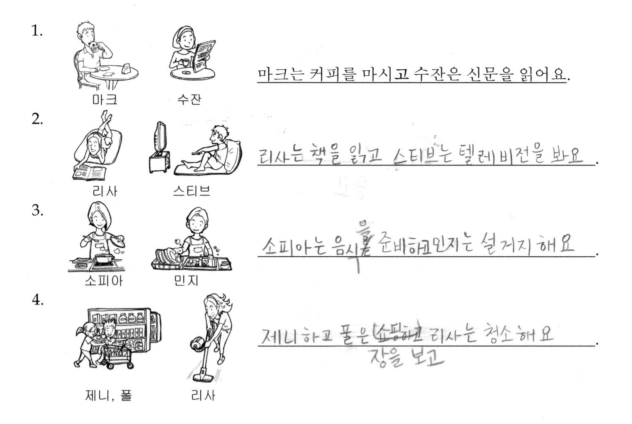

1. 마크   수잔
마크는 커피를 마시고 수잔은 신문을 읽어요.

2. 리사   스티브
리사는 책을 읽고 스티브는 텔레비전을 봐요.

3. 소피아   민지
소피아는 음식을 준비하고 민지는 설거지 해요

4. 제니, 폴   리사
제니하고 폴은 쇼핑하고 리사는 청소해요
장을 보고

K. Translate the following sentences into Korean.

1. I bought books and clothes at the department store.

저는 백화점에서 책하고 옷들을 샀어요 .

2. Sophia goes to school by bus, and Michael goes to school by bicycle.

소피아 학교에 버스로 가고 마이클은 학교에 자선거로 가요 .
는

3. The apartment is small and expensive.

아파트가 좁고 비싸요 .

4. Last weekend, Jenny cleaned the house and went grocery shopping.

지난 주말에 제니는 집을 청소하고 장 보았어요 .
을.   (봤어요)

5. I spent (my) spring break with my friends, and Lisa spent (her) spring break with her parents.

<u>저는 친구들하고 같이 봄방학을 보내고 리사는부모님 하고 같이 봄방학을 보냈어요</u>

6. Lisa will read the newspaper, and Steve will listen to music.

<u>리사는 신문을 읽고 스티브는 음악을 들을 거예요</u>.

7. Sophia will probably major in political science, and Mark will major in Chinese history.

<u>소피아는 아마 정치학을 전공고 마크는 중국 역사를 전공할 거예요</u>.

L. Listen carefully and answer the questions using the clausal connective ~고.

1. <u>설거지하고 신문을 읽으세요</u>.

2. <u>음악을 듣고 텔레비전을 봤어요</u>.

3. <u>음식준비 하고 공부했어요</u>.

4. <u>집을 청소하고 쇼핑 할 거예요</u>.

M. Ask a classmate five negative questions. Make sure to ask questions that will lead to 'no' answers.

1. A: 이번 학기에 한국어 수업 **안** 들어요?

   B: <u>아니요, 들어요.</u>

2. A: _____?

   B: 아니요, _____.

3.   A: _____?

      B: 아니요, _____.

4.   A: _____?

      B: 아니요, _____.

5.   A: _____?

      B: 아니요, _____.

N. Complete the following answers.

1.   A: 샌디 씨는 일본 사람 아니에요?

      B: <u>네</u>, (일본 사람 아니에요.) 중국 사람이에요.

2.   A: 한국 음식 안 좋아해요?

      B: <u>아니요</u>, 좋아해요.

3.   A: 수영 잘 못 해요?

      B: <u>네</u>, 잘 못 해요.

4.   A: 샌디 씨 전화번호 몰라요?

      B: 아니요, <u>알아요</u>.

5.   A: 어제 집 청소 안 했어요?

      B: <u>네</u>, 못 했어요.

6.   A: 다음 주말에 시간 없어요?

      B: 아니요, <u>있어요</u>.

O. Translate the following sentences into Korean.

1. A: Isn't your house far from school?

   B: Yes, it is far.

   A: 집에서 학교까지 안 멀어요 ?

   B: 아니요 , 멀어요.

2. A: Isn't Los Angeles weather usually cloudy?

   B: No, it is usually not cloudy.

   A: 로스앤젤레스 날씨가 보통 안 흐려요 ?

   B: 네, 날씨가 보통 안 흐려요 .

3. A: Don't you go grocery shopping often?

   B: No, I go once in a while.

   A: 자주 안 장봐요 봐요? ?

   B: 네 아니요, 가끔 장봐요 .

4. A: Aren't you going to spend Christmas with your parents?

   B: Yes, I will.

   A: 크리스마스에 부모님하고 같이 안 보낼 거예요

   B: 아니요, 보낼 거예요 부모님하고 같이 보낼거예요.

5. Michael and his cousin cannot see each other often.

   마이클은 사촌하고같이 서로 자주 못 만나요 (봐요).

6. During summer vacation, Steve and his older brother will study together in Korea and also travel.

   여름 방학에 스티브는 형하고같이 한국에서 공부하고 여행할 거예요

P. Listen carefully and answer the questions in Korean. 🎧

1. 학교 앞 마겟에 가요 ~~가세요~~ .

2. 설거지하고 신문을 읽어요 ~~으세요~~ .

3. 아니요, ~~하세요~~ 해요 .

4. 음악을 듣고 텔레비전을 볼거예요 .

5. 네, 없어요 .

Q. Listen to the dialogue between Sophia and Michael and fill in the blanks with (T)rue or F(alse). 🎧

1. ____F____ Sophia and Michael are going to the Christmas party together.

2. ____F____ Michael's parents live in Boston.

3. ____T____ Sophia knows how to cook Chinese food.

4. ____T____ Sophia has a busy schedule for next weekend.

Excellent! When you answer your sentence, you don't ~~use to~~ use the honorific form of verbs.

(10/10)

WRAP-UP EXERCISES

A. Interview three classmates and report what kinds of cars, ice cream, flowers, movies, and sports they like the most.

무슨 _____을/를 좋아하세요?

1.				
2.				
3.				

B. Interview three friends and find out which places they often go to.

어느 _____에 자주 가세요?

1.				
2.				
3.				

C. Listen to the narration and fill in the blanks.

___다음 주말___ 에는 동생이 뉴욕에서 올 거예요. 동생은 대학교 ___일 학년___ 이고

전공은 <u>심리학</u>　이에요. 동생도 저도 많이 바빠요. 그래서 <u>서로</u>　전화를 자주 <u>못 해요</u>. 이번에 동생하고 오래간만에 <u>시간</u>　을 <u>많이</u> 보낼 거예요. 동생이 한국 음식을 좋아해요. 그래서 집에서 한국 음식을 <u>준비할</u> 거예요. 이번 <u>금요일</u>　에 한인타운에서 <u>장을 볼</u>　거예요.

D. Ask your classmates how frequently they do the following activities.

Example: 쇼핑 얼마나 자주 하세요?

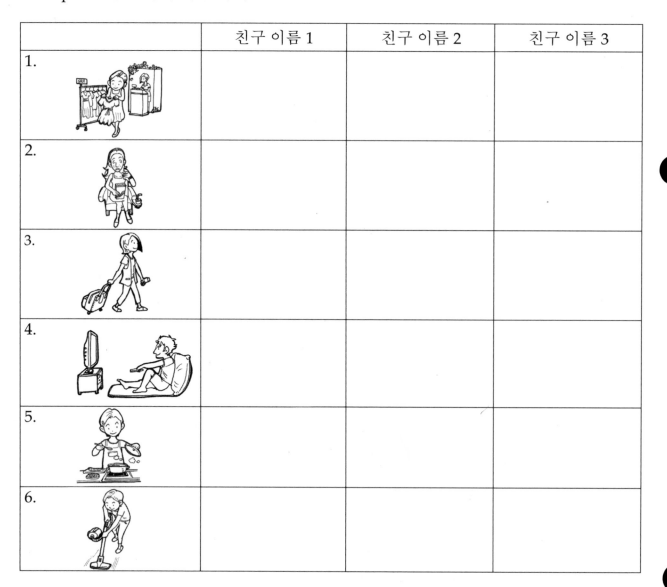

	친구 이름 1	친구 이름 2	친구 이름 3
1.			
2.			
3.			
4.			
5.			
6.			

● E. Listen carefully. Repeat each sentence in each pair, paying close attention to the differences between the two expressions. One sentence in each pair will be repeated. Circle the one you hear. 🎧

1. 차가 안 올 거예요.　　(차가 많을 거예요.)

2. 파티 안 갈 거예요?　　(파티 안 할 거예요?)

3. (가을하고 봄)　　겨울하고 봄

4. (안 받았어요?)　　안 봤어요?

F. Make your plans for the future using the sentence ending ~(으)ㄹ 거예요, as in 1.

1. 내년에 대학원에 갈 거예요.

2. 다음 달에＿＿＿＿＿＿＿＿＿＿＿＿＿＿＿＿＿＿＿＿＿.

3. 30 살에*＿＿＿＿＿＿＿＿＿＿＿＿＿＿＿＿＿＿＿＿.

4. 35 살에＿＿＿＿＿＿＿＿＿＿＿＿＿＿＿＿＿＿＿＿.

5. ＿＿＿＿＿＿＿＿＿＿＿＿＿＿＿＿＿＿＿＿＿＿＿.

6. ＿＿＿＿＿＿＿＿＿＿＿＿＿＿＿＿＿＿＿＿＿＿＿.

　* 살: counter for age (30 살에: at the age of thirty)

G. Describe your plans for next week using the clausal connective ~고 and sentence ending ~(으)ㄹ 거예요.

1. 월요일에 <u>시험 공부하고 서점에 책 사러 갈 거예요</u>.

2. 화요일에 <u>학교에서 가고 운동할 거예요</u>＿＿＿＿.

3. 수요일에 <u>테니스를 치고 수영을 할 거예요</u>＿＿＿.

4. 목요일에 <u>신문을 읽고 강을 보낼 거예요</u>＿＿＿.

5. 금요일에 <u>영화를 보고 친구들을 만날 거에요</u>.

6. 토요일에 <u>숙제를 하고 음악을 들을 거예요</u>.

7. 일요일에 <u>집을 청소 하고 쇼핑할거에요</u>.

H. Translate the following questions into Korean.

1. Which season do you like?

<u>어느 계절을 좋아해요</u>?

2. What kind of movies do you like?

<u>무슨 영화를 좋아해요</u>?

3. Don't you often go to the movies?

<u>자주 영화를 안 보러 가요</u>?

4. What do you usually do on the weekend?

<u>보통 주말에 뭐 해요</u>?

5. What are you going to do for winter vacation?

<u>겨울 방학에 뭐 할 거예요</u>?

I. Write your answers in Korean to the questions in H.

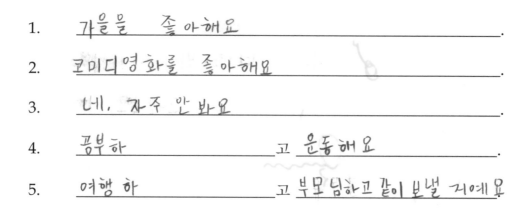

1. <u>가을을 좋아해요</u>.

2. <u>코미디 영화를 좋아해요</u>.

3. <u>네, 자주 안 봐요</u>.

4. <u>공부하</u>고 운동해요.

5. <u>여행 하</u>고 부모님하고 같이 보낼 거예요.

● J. Read the following passage and answer the questions in Korean.

오늘 리사가 집에서 파티를 해요. 그래서 아침에 서울 마켓에 장을 보러 갔어요. 그리고 오후에 집에서 청소하고 음식을 준비했어요. 저녁 6 시에 친구들이 집에 올 거예요. 마이클은 케이크를 사고 소피아는 꽃을 살 거예요. 7 시에 저녁을 먹고 8 시에 영화를 같이 볼 거예요. 한국 영화를 볼 거예요. 영화를 보고 친구들하고 케이크를 먹을 거예요. 그리고 친구들하고 오래간만에 이야기도 많이 할 거예요. 파티가 아주 재미있을 거예요.

1. 오늘은 무슨 날이에요? (날 ' day')

   오늘 리사가 집에서 파티를 해요.

2. 리사는 아침에 뭐 했어요?

   서울 마켓에 장을 보러 갔어요.

3. 언제 친구들이 집에 올 거예요?

   저녁 6시에 친구들이 집에 올 거예요.

4. 8 시에 뭐 할 거예요?

   영화를 볼 거예요.

5. 무슨 영화를 볼 거예요?

   한국 영화를 볼 거예요.

6. 영화 보고 뭐 할 거예요?

   친구들하고 케이크를 먹을 거예요.

   먹고, 이야기도 많이 할거에요.

Try to complete this.

K. Write about your next summer vacation plans and compare them to your last summer vacation in detail. Make sure to incorporate a variety of patterns, such as ~었/았어요, ~(으)ㄹ 거예요, ~고, ~(으)러 가다, and more.

_____

_____

_____

_____

_____

_____

_____

_____

_____

Excellent! 아주 잘 했어요! Good luck on your mid-term!

(10/10)

8과 서울에서 [In Seoul]

| CONVERSATION 1 | 서울 날씨가 참 좋지요? |

A. Choose the word that best describes each picture and write it below the corresponding picture.

테니스장 교회 지도 꽃집 약국 동네

| 교회 | 약국 | 지도 | 테니스장 | 꽃집 | 동네 |

B. Fill in the [ ] with the appropriate words.

1. [이것] – 그것 – 저것

2. [초등학교] – 중학교('middle school') – [고등학교] – 대학교 – [대학원]

3. [봄] – 여름 – 가을 – [겨울]

4. 여기 – [거기] – 저기

C. Fill in the blanks as you hear the sentences.

1. _____이게_____ 뭐예요?

2. 오늘 날씨가 참 _____좋지요_____?

3. _____여기서_____ 테니스장까지 어떻게 가요?

4.   도서관은 캠퍼스 __가운데__ 에 있어요.

5.   테니장은 교회 __건너__ __편__ 에 있어요.

6.   우리 __동네__ 에는 꽃집이 __여러__ __군데__ 있어요.

D. Choose the predicate that best describes each picture and write it in the box using the ~어요/아요 ending.

깨끗하다   내리다   따뜻하다   조용하다   치다   타다

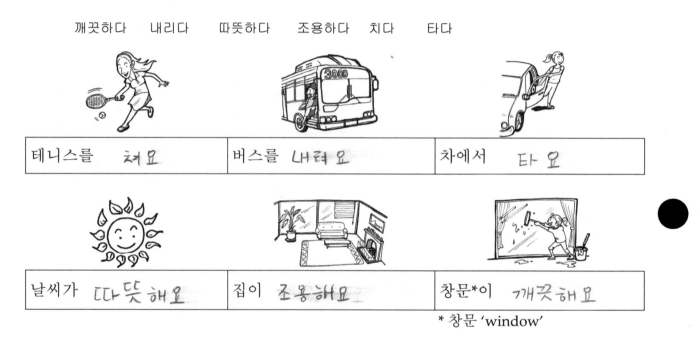

테니스를 쳐요	버스를 내려요	차에서 타요

날씨가 따뜻해요	집이 조용해요	창문*이 깨끗해요

* 창문 'window'

E. Complete the following conversations with the ~지요 ending.

1.   A: 이 식당은 참 __조용하지요__ ?

      B: 네, 정말 조용해요.

2.   A: 요즘 날씨가 참 __춥지요__ ?

      B: 네, 정말 추워요.

3.   A: 그 아파트가 아주 __깨끗하지요__ ?

      B: 네, 깨끗해요.

4.   A: 한국 음악을 __듣지요__ ?

      B: 네, 자주 들어요.

5. A: 어제 한국어 시험이 <u>어려웠지요</u>?

   B: 네, 어려웠어요.

6. A: 여보세요 (Hello), 거기 우체국<u>이지요</u>?

   B: 네, 우체국이에요.

F. Complete the table below.

이 (this)	그 (that)	저 (that over there)
이것	그것	저것
이거	그거	저거
이것이	그것이	저것이
이게	그게	저게
이것은	그것은	저것은
이건	그건	저건
이것을	그것을	저것을
이걸	그걸	저걸

G. Complete the table below.

이 (this)	그 (that)	저 (that over there)
이쪽	그쪽	저쪽
이사람	그사람	저사람
이렇게	그렇게	저렇게
여기	거기	저기
여기서	거기서	저기서

H. Based on the cues provided below, fill in the blanks using 이/그/저.

1.　　[A and B are sitting next to each other.]

　　A:　　<u>이건</u> 누구 책이에요?

　　B:　　<u>이건</u> 민지 거예요.

2.　　[A and B are sitting next to each other.]
　　[A is pointing at the clock on the wall on the other side of the room.]

　　A:　　<u>그건</u>　　 뭐예요?

　　B:　　<u>그것</u>　　 은 시계예요.

3.　　[A and B are standing next to each other.]
　　[A is pointing at a person who is standing far from both A and B.]

　　A:　　<u>저</u>　　 사람은 누구예요?

　　B:　　<u>이</u>　　 사람은 민지 한국어 선생님이세요.

4.　　[A and B are sitting far from each other in the classroom.]
　　[A is pointing at B's desk.]

　　A:　　<u>그</u>　　 책상 위에는 뭐가 있어요?

　　B:　　<u>이</u>　　 책상 위에는 책하고 연필이 있어요.

5.　　[A and B are standing far from each other in the classroom.]
　　[A is pointing at the desk right in front of him.]

　　A:　　<u>이건</u> 누구 책상이에요?

　　B:　　<u>그건</u> 김 선생님 책상이에요.

I. Ask your classmates the following questions as in 1.

1. Q: 이게 뭐예요?
    A: 이건 영미 볼펜이에요.

2. 이/그/저 사람은 누구예요?

3. 여기/거기/저기에 뭐가 있어요?

4. 이 책/ 그 책/ 저 책은 뭐예요?

5. 이게/그게/저게 뭐예요?

J. Listen to the conversation between 민지 and 동수 and fill in the blanks with the appropriate words.

1. 엘에이 날씨는 정말 ___따뜻하___고 좋아요.

2. 동수하고 민지는 엘에이의 ___가을___ 날씨를 많이 좋아해요.

3. 동수하고 민지는 오후에 ___테니스___를 치러 갈 거예요.

4. 동수하고 민지는 오후___두___시 쯤에 동네 테니스장에서 만날 거예요.

5. 테니스장이 ___조용하___고 참 넓어요.

5. 테니스장까지는 ___백십이___ 번 버스를 타고 가요.

6. 테니스장은 ___약국___ 건너편에 있어요.

K. Complete the following short dialogues as in 1.

1.    A: 여기서 <u>백화점</u>까지 어떻게 가요?

    B: <u>오십 구 번 버스</u>를 타고 <u>초등학교</u> 앞에서 내리세요.
    (bus #59 – the elementary school)

2.    A: 여기서 <u>교회</u> 까지 어떻게 가요?

    B: <u>지하철 4호선을</u> 타고 <u>서울 백화점</u> 앞에서
    내리세요.
    (subway line 4 [4 호선]– Seoul Department Store)

3.    A: 여기서 <u>공원</u> 까지 어떻게 가요?

    B: <u>사백 육십 칠번 버스</u>를 타고 <u>테니스장</u> 앞에서
    내리세요.
    (bus #467 – tennis court)

4.   A: 여기서 <u>극장</u> 까지 어떻게 가요?

    B: <u>칠백 사십일 번 버스</u>를 타고 <u>꽃집</u> 앞에서
    내리세요.
    (bus #741 – florist)

5.   A: 여기서 <u>수영장</u> 까지 어떻게 가요?

    B: <u>지하철 6호선을</u> 타고 <u>약국</u> 앞에서
    내리세요.
    (subway line 6 – drugstore)

L. Translate the following sentences into Korean.

1.   It is Tuesday today, isn't it?

    <u>오늘 화요일 이지요</u> ?
    이

2. You ate lunch, didn't you?

    점심을 먹었지요 ?

3. The spring weather in Seoul is really warm and nice, isn't it?

    서울의 봄 날씨는 아주 따뜻하고 좋지요 ?

4. The elementary school is in front of the drugstore, isn't it?

    초등학교는 약국앞에 있지요 ?

5. Whose bicycle is this?

    예요
    이건 누구 자전거빠에요 ?

6. That student over there is my roommate.

    저 학생은 저거먼제 룸메이트이머요 .

7. Take bus number 145 and get off in front of the church.

    백 사십오 번 버스를 타고 교회앞에서 내리세요 .

    넓어요

Excellent! 봄 방학 잘 보내세요.

(10/10)

| **CONVERSATION 2** | 말씀 좀 묻겠습니다. |

A. Find the picture that corresponds to each word you hear and write its number and the word in the appropriate space. 🎧

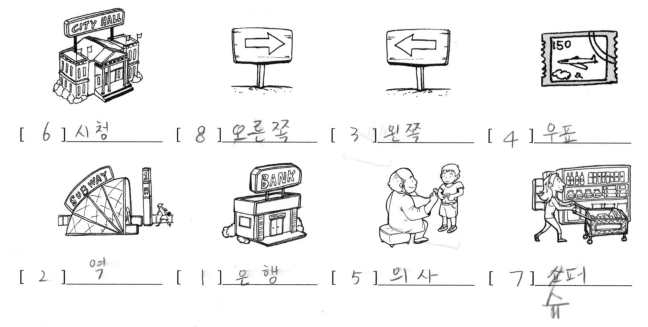

[6] 시청   [8] 오른쪽   [3] 왼쪽   [4] 우표

[2] 역   [1] 은행   [5] 의사   [7] 슈퍼

B. Connect each word in the left column with the most semantically related word in the right column.

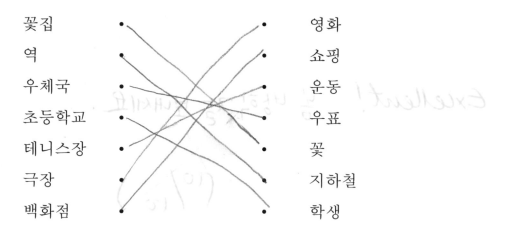

꽃집   영화
역   쇼핑
우체국   운동
초등학교   우표
테니스장   꽃
극장   지하철
백화점   학생

Excellent!

C. Fill in the blanks with either 로 or 으로.

1. 집 _으로_
2. 학교 _로_
3. 한국말 _로_
4. 왼쪽 _으로_
5. 거기 _로_
6. 트럭 _으로_
7. 2층 _으로_
8. 연필 _로_

D. Using (1) the particle (으)로, (2) the ~(으)세요 form, and (3) the nouns and verbs from the box below, create sentences as in 1. Use each noun and verb only once.

교실	영어	오른쪽	이쪽	지하철
가다	내리다	돌다	말하다	오다

1. _지하철로_   _가세요._
2. _이쪽 으로_   _내리세요_ .
3. _영어로_   _말하세요_ .
4. _오른쪽 으로_   _도세요_ .
5. _교실 로_   _오세요_ .

E. Fill in the blanks with the appropriate particles provided in the box below.

에	에서	(으)로

민지: 1. 저, 이 근처 _에_ 시청역이 어디 있습니까?

여자: 2. 저 앞 _에_ 우체국 보이지요?

3. 거기 _(에)서_ 왼쪽 _으로_ 도세요.

4. 그럼 왼쪽 _으로_ 은행이 있어요. ?

_에_

5.   그 앞에서 오른쪽 으로 도세요.

6.   그럼 오른쪽 으로에 빌딩이 있어요.

7.   시청역은 그 빌딩 건너편 에 있어요.

F. Translate the conversation in E into English.

1.   Where is the city hall station nearby?

2.   Do you see the front of that pose office over there?

3.   Turn left from there.

4.   Then the bank is on the left side

5.   From the front (of the bank), turn right.

6.   Then the building is on the left side

7.   The city hall is across from that building

G. Complete the table below (deferential style).

	~ㅂ/습니다	~ㅂ/습니까?	~ㅆ/었/았습니다	~(으)ㄹ 겁니다
이다	입니다	입니까?	이었습니다/였습니다	일 겁니다
아니다	아닙니다	아닙니까?	아니었습니다	아닐 겁니다
있다	있습니다	있습니까?	있었습니다	있을 겁니다
없다	없습니다	없습니까?	없었습니다	없을 겁니다
계시다	계십니다	계십니까?	계셨습니다	계실 겁니다
타다	탑니다	탑니까?	탔습니다	탈 겁니다

지내다	지냅니다	지냅니까?	지냈습니다	지낼 겁니다
내리다	내립니다	내립니까?	내렸습니다	내릴 겁니다
먹다	먹습니다	먹습니까?	먹었습니다	먹을 겁니다
쓰다	씁니다	씁니까?	썼습니다	쓸 겁니다
괜찮다	괜찮습니다	괜찮습니까?	괜찮았습니다	괜찮을 겁니다
묻다	묻습니다	묻습니까?	물었습니다	물을 겁니다
어렵다	어렵습니다	어렵습니까?	어려웠습니다	어려울 겁니다
좁다	좁니다	좁습니까?	좁았습니다	좁을 겁니다
배우다	배웁니다	배웁니까?	배웠습니다	배울 겁니다
숙제하다	숙제합니다	숙제합니까?	숙제했습니다	숙제할 겁니다

H. Complete the table below (/ㄹ/ irregular).

	~어/아요	~ㅆ/었/았어요	~(으)ㄹ 거예요	~ㅂ/습니다
알다	알아요	알았어요	알 거예요	압니다
살다	살아요	살았어요	살 거예요	삽니다
팔다	팔아요	팔았어요	팔 거예요	팝니다
돌다	돌아요	돌았어요	돌 거예요	돕니다
멀다	멀어요	멀었어요	멀 거예요	멉니다

I. Complete the following conversations using the deferential style.

1. A: 지금 뭐 <u>합니까</u> (하다)?

   B: 편지('letter')를 <u>씁니다</u> (쓰다).

2. 스티브: 마이클 씨, 중국 음식을 <u>좋아합니까</u> (좋아하다)?

   마이클: 아니요, 안 <u>좋아합니다</u> (좋아하다).

3. 민지: <u>실례합니다</u> (실례하다).

             여기 우체국이 어디 <u>있습니까</u> (있다)?

   남자: 저기 초등학교 보이지요?

             우체국은 그 옆에 <u>있습니다</u> (있다).

J. Complete the following conversations changing the polite style into the deferential style.

1. 민지: 소피아 씨, 요즘 어떻게 <u>지냅니까</u> (지내요)?

   소피아: 좀 <u>바쁩니다</u> (바빠요).

             민지 씨도 <u>바쁩니까</u> (바빠요)?

   민지: 저는 요즘 <u>괜찮습니다</u> (괜찮아요).

   소피아: 그런데 마이클 전화 번호 <u>압니까</u> (알아요)?

   민지: 아니요, <u>모릅니다</u> (몰라요).

2. A: 한국어가 <u>어렵습니까</u> (어려워요)?

   B: 아니요, <u>쉽습니다</u> (쉬워요).

             그리고 아주 <u>재미있습니다</u> (재미있어요).

3. A: 그 영화가 <u>어 땠습니까</u> (어땠어요)?

   B: 아주 <u>재미없었습니다</u> (재미없었어요).

4. A: 이번 주말에 뭐 <u>할 겁니까</u> (할 거예요)?

   B: 친구하고 자전거 <u>타러 갈 겁니다</u> (타러 갈 거예요).

K. Match the English expressions with their Korean counterparts.

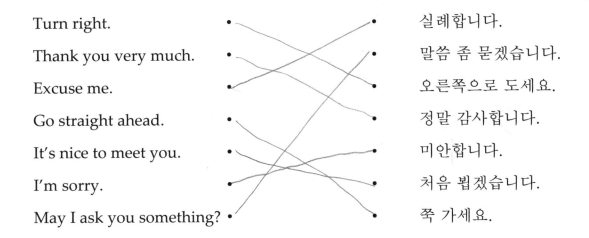

Turn right.		실례합니다.
Thank you very much.		말씀 좀 묻겠습니다.
Excuse me.		오른쪽으로 도세요.
Go straight ahead.		정말 감사합니다.
It's nice to meet you.		미안합니다.
I'm sorry.		처음 뵙겠습니다.
May I ask you something?		쭉 가세요.

L. Listen to the conversation and circle the appropriate words.

1. To get to the bank, Steve needs to make a [(left), right] turn at the [library, (bookstore)].

2. The bank is right in front of the [(post office), department store].

3. To get to City Hall, Steve needs to take the subway [line 3, (line 4)] and get off at the [(시청역), 서울역].

M. Translate the following sentences into Korean. Use the deferential style for 3–6.

1. Turn left over there.

   <u>거기 왼쪽으로 도세요</u>
   서

2. Take subway line number 4.

지하철 사호선을 타세요 _____ .

3. Excuse me. May I ask you something?

거기요
실례합니다. 말씀 좀 묻겠습니다 _____ ?

4. Where is the bookstore in this neighborhood?

이 동네에 서점이 어디 있습니까 _____ ?

5. How do I get to City Hall from here?

시청을 (여기서) 어떻게 갑니까 _____ ?
까지

6. Does your younger sister live in Seoul?

여동생은 서울에서 삽니까 _____ ?
이

N. With your partner, create a conversation based on the map provided below. Then practice the conversation with your partner.

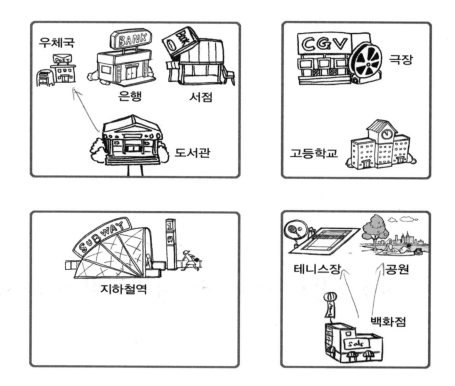

Examples: Q1: 고등학교는 어디 있어요?
Q2: 백화점에서 우체국까지 어떻게 가요?
Q3: 우체국 옆에는 뭐가 있어요?

A: 저기요, 말씀 좀 물 겠습니다 이근처에 고등학교는 어디 있습니까?

B: 고등학교는 극장 옆에 있어요

A: 백화점에서 우체국까지 어떻게 가요?

B: 저기 지하철역을 보이지요?

A: 네

B: 거기서 오른쪽으로 도세요. 그리고 쭉 가세요. 그럼 도서관 보일 거에요. 우체국 은 건너편어 있어요

A: 우체국 옆에는 뭐가 있습니까?

B: 은행하고 서점이 있습니다

O. Using the campus map, ask your classmate how to get to the following places from the building where you are. Write the directions.

1. [학생회관]

A: 여기서 학생회관까지 어떻게 가요?
B: 여기서 왼쪽으로 가세요. 오른쪽에 우체국이 있어요.
학생회관은 우체국 뒤에 있어요.

2. [학교 식당]

A: 여기서 학교 식당까지 어떻게 가요 ?

B: 여기서 왼쪽으로 가세요. 학생회관 안에는 식당 있어요

3. [도서관]

A: <u>여기서 도서관까지 어떻게 가요</u>?

B: <u>여기서 오른쪽으로 가세요. science 빌딩은 건너편에 있어요.</u>

4. [학교 서점]

A: <u>여기서 학교 서점까지 어떻게 가요</u>?

B: <u>여기서 쪽 가세요. 공원 옆에는 서점 있어요</u>.

5. [우체국]

A: <u>여기서 우체국까지 어떻게 가요</u>?

B: <u>여기서 오른쪽으로 가세요. 왼쪽에 운동장은 있어요</u>.
    <u>우체국은 운동장 뒤에 있어요.</u>

6. [기숙사]

A: <u>여기서 기숙사까지 어떻게 가요</u>?

B: <u>여기서 왼쪽으로 도네요. 그럼 교회를 보일 지에요. 기숙사는 교회 건너편에</u>
                                                    있어요.

Great! 아주 잘 했어요. complete the parts you didn't finish.

(9.5/10)

WRAP-UP EXERCISES

A. Listen carefully. Repeat each sentence in each pair, paying close attention to the differences between the two expressions. One sentence in each pair will be repeated. Circle the one you hear.

1. (테니스 쳤지요?)   테니스 치지요?
2. (월요일에 만나지요?)   월요일에 만났지요?
3. (내일 시험이지요?)   (내일 시험 있지요?)
4. (어제 시험 어려웠지요?)   어제 시험 없었지요?
5. 좀 걸어 가세요.   (쭉 걸어 가세요.)
6. 학교까지 멉니까?   (학교까지 옵니까?)
7. 집까지 걷습니다.   (집까지 갔습니다.)
8. (한국 음악 압니다.)   한국 음악 아닙니다.
9. (돌 거예요.)   들을 거예요.

B. Fill in the blanks as you listen to the passage.

안녕하십니까? 제 이름은 김유미 __유미다__ (입니다). 저는 지금 대학교 기숙사에 __삽니다__.

기숙사가 아주 __넓고__ 좋습니다. __이게__ 우리 학교 동네 지도입니다. 동네

__가운데__ 에는 교회가 있습니다. __그옆__ 에는 음악 학교가 있습니다. 기숙사

__옆__ 에는 학교 서점이 있습니다. 서점 __건너편__ 에는 슈퍼가 있습니다. 슈퍼

__옆__ 에는 커피숍과 식당들이 있습니다. 식당들은 싸고 __맛있습니다__. 학교

__근처__ 에는 공원이 있습니다. 아주 __깨끗하고__ 조용합니다.

C. Listen to passage B again and draw a map of 유미's neighborhood based on what you hear.

[학교 동네 지도]

D. Listen to the questions and write your own responses to them.

1.   여기서 왼쪽으로 도세요. 그리고 쭉 가세요. 그럼 과학 빌딩이 건너편에 있어요

2.   대학교 기숙사에 삽니다 .

3.   메인 스트리트 (main street) 입니다 .

4.   우표는 우체국에 팝니다 .

5.   클래식 음악은 좋아합니다 .

E. With your partner, complete the three parts of the conversation between Jenny and Mark using the cues provided below. Then combine all three parts and present the whole conversation you have created in front of the class.

여름	토요일	공원	자전거	버스

[Part 1]

마크: 제니 씨, (the name of the town/city) 날씨가 참 <u>좋지요</u>?

제니: 네, 아주 <u>따뜻해요</u>. 저는 (the season) 날씨를 아주 좋아해요.

마크: 저도 그래요. (the season)에는 날씨가 참 <u>덥</u>고 <u>좋아</u>요.

제니: 네, 정말 그래요.

[Part 2]

마크: 그런데 <u>토요일에 시간 있어요</u>?

제니: 네, 시간 있어요. 왜요?

마크: 오후에 <u>저하고 같이 공원 가요</u>?

제니: 좋아요. 어디에서 <u>만나요</u>?

마크: <u>공원 앞에서 만나요</u>.

제니: 몇 시에 만나요?

마크: <u>3시에 만나요</u>?

제니: 어, <u>공원 3시</u>에는 약속이 있어요. <u>괜찮아요</u>?

마크: 네, 괜찮아요. (suggest another time)

[Part 3]

제니: 그런데 <u>공원</u>에는 어떻게 가요?

마크: <u>사백육십칠번 버스를 타고 테니스장 앞에서 내리세요</u>.

제니: 아, 네, 그럼 <u>3시</u>에 <u>공원</u>에서 봐요.

F. Following the conversation in E, make a plan in Korean to do the following activities with your partner.

A: <u>이번 토요일에 시간있어요</u>?

B: 네, 시간 있어요. 왜요?

A: 오후에 <u>저하고 같이 영화를 봐요</u>?

B: 좋아요. 어디에서 <u>만나요</u>?

A: <u>브로드웨이 극장에서 만나요</u>.

B: 몇 시에 만나요?

A: <u>3시에 만나요</u>?

B: 어, <u>토장 3시</u>에는 약속이 있어요. <u>괜찮아요</u>?

suggest another time

A: 네, 괜찮아요.

B: 그런데 <u>극장</u>에는 어떻게 가요?

A: <u>칠백 사십일 번 버스를 타고 꽃 집 앞에서 내리세요</u>.

B: 아, 네, 그럼 <u>1시</u>에 <u>극장</u>에서 봐요.

G. Read the following passage about the town where 민지's parents live and complete the map below.

우리 부모님은 서울에 삽니다. 동네가 아주 깨끗하고 조용합니다. 동네 가운데에는 공원이 있습니다. 공원이 아주 넓고 예쁩니다. 그 공원에서 주말에 사람들은 자전거를 탑니다. 공원 안에는 테니스장도 있습니다. 공원 건너편에는 고등학교가 있고 고등학교 옆에는 서점이 있습니다. 서점에서는 동네 지도를 팝니다.서점 앞에는 지하철역이 있습니다. 우리 부모님 동네에는 지하철 3 호선을 타고 옵니다. 공원 옆에는 동네 도서관이 있습니다. 도서관 옆에는 백화점도 있습니다. 백화점이 아주 크고 좋습니다. 백화점 건너 편에는 우체국하고 꽃집하고 커피숍이 있습니다. 그리고 도서관 건너 편에 교회가 있습니다. 우리 부모님 동네는 정말 좋습니다.

[민지 부모님 동네 지도]

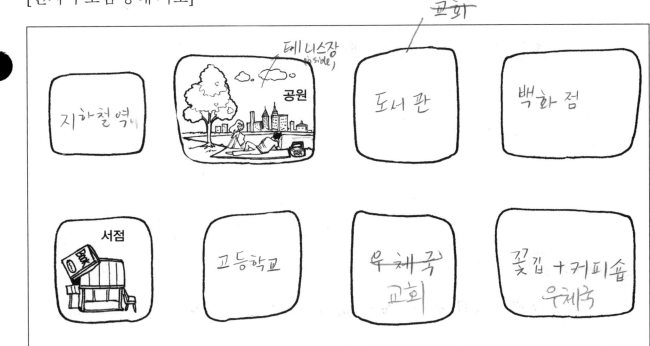

H. Listen to the questions about the passage in G and answer them in the deferential style. 🎧

1. 민지 부모님은 서울에 삽니다 (사십니다) .

2. 동네 가운데에는 공원이 있습니다 .

3. 공원 안에는 테니스장도 있습니다 .

4. 서점 앞에는 (지하철 역이) 있습니다 .

5. 백화점 건너 편에는 우체국 하고 꽃집하고 커피숍이 있습니다 .

I. Your cousin will be attending your college next year. Write an e-mail message to your cousin introducing the town where your school is.

제 학교는 웨슬리언 대학 입니다. 웨슬리언은 미들 타운에 있습니다.
미들 타 날씨가 보통 좋습니다. 그런데 봄 날씨가 가끔 춥고 여름
날씨가 덥니다. 저는 미들 타운의 가을 아주 좋아해요. 동네가 아주
깨끗하고 조용 합니다. 동네 가운데에는 시청이 있습니다. 공원이
시청 건너편에 있습니다. 공원이 아주 예쁩니다. 공원 옆에는 동네 슈퍼가
있습니다. 슈퍼 옆에는 우체국이 있습니다. 우체국 건너 편에는 극장하
고 꽃집하고 커피숍이 있습니다. 그리고 극장 건너편에 교회가
있습니다. 미들 타운 동네는 정말 좋습니다.

J. Write about your hometown (e.g., weather, restaurants, interesting places) in the deferential style. Then introduce your hometown in class.

제 이름은 인정 입니다. 저는 중국 창사시에서 왔습니다. 지금은 미국에서 음악 공부합니다. 저는 고향를 좋아합니다. 창사시 여름 날씨가 아주 덥고 겨울 아주 춥니다. 동네가 아주 깨끗하고 조용 합니다. 동네 가운데에는 식당이 많습니다. 식당이 아주 넓습니다. 창사 사람들은 매운 음식 좋아합니다. 그리고 공원에서 주말에 사람들은 자전거를 탑니다. 공원 옆에는 동네 광장이 있습니다. 그리고 커피숍이 여러군데 있습니다.

Great! 아주 잘했어요! Your writing is so impressive!

(9.5/10)

A. Circle the most appropriate verbs or adjectives that relate to the words provided in each [ ].

1.   [아침, 음식, 오렌지]   ⓐ 먹어요   b. 있어요   c. 공부해요

2.   [생물학, 역사, 정치학]   a. 전화해요 ⓑ 공부해요 c. 이에요

3.   [학교, 식당, 책방]   ⓐ 커요   b. 먹어요   c. 재미없어요

4.   [수업, 친구, 숙제]   a. 봐요   b. 공부해요 ⓒ 많아요

5.   [운동장, 교실, 방]   a. 맛있어요 ⓑ 넓어요 c. 싸요

6.   [커피, 주스]   ⓐ 마셔요   b. 먹어요   c. 나빠요

7.   [가방, 컴퓨터, 시계]   ⓐ 없어요   b. 해요   c. 만나요

8.   [동생, 가방, 차]   a. 싸요   ⓑ 예뻐요   c. 재미있어요

9.   [영화, 텔레비전, 시계]   a. 배워요   b. 작아요   ⓒ 봐요

10.   [선생님, 친구, 언니]   a. 공부해요 ⓑ 만나요 c. 배워요

B. Circle the most appropriate word provided in each [ ].

1.   저는 마이클 정[예요, ⓘ이에요, 있어요].

2.   스티브는 제 친구[있어요, 이에요, ⓘ예요].

3.   학교 식당은 도서관 옆에 [이에요, ⓘ있어요, 계세요].

4.   도서관이 [누구, ⓘ어디, 뭐] 있어요?

5.   이름이 [뭐, 어디, 누구]예요?

6.   한국어 선생님이 [어디, 누구, 뭐]세요?

7.   요즘 [열심히, 매일, 어떻게] 지내세요?

8.   부모님은 미국에 [있어요, 계세요, 이에요].

9.   이거 누구 [언니, 여동생, 책]이에요?

10.   [내, 네, 제] 거예요.

C. Circle the most appropriate particle provided in each [ ].

1.   마이클[이, 은, 는] 삼학년이에요. 유미[가, 은, 는, 도] 삼학년이에요.

2.   저[은, 는, 이, 가] 일본 사람[을, 를, 이, 가] 아니에요.

3.   엘렌[은, 는, 을, 를] 한국 사람[이, 가, 을, 를] 아니에요.

4.   리사[가, 이, 을, 를] 커피[가, 이, 을, 를] 마셔요.

5.   학교 식당 커피[이, 가, 을, 를] 맛있어요. 그런데 음식[은, 는, 을, 를] 비싸요.

6.   학생회관이 어디[에, 에서] 있어요? 도서관 일층[에, 에서] 있어요.

7.   소피아[이, 가, 하고] 소피아 동생은 사이[가, 를] 좋아요.

8.   스티브는 오늘 시험[이, 가, 을, 를] 있어요. 그래서 공부[이, 가, 을, 를] 해요.

9.   빌딩 안에[이, 가, 은, 는] 책방[이, 가, 을, 를] 없어요.

10.   미국은 멕시코 위[이, 가, 에, 에서] 있어요. 미국[은, 는, 의] 수도('capital')는
       워싱턴이에요.

● D. Create sentences with the words provided as in 1.

    1.   유니온 빌딩 / 안 / 학교 식당

        <u>유니온 빌딩 안에 학교 식당이 있어요.</u>

    2.   책상 / 위 / 책

        <u>책이 책상 위에 있어요.</u>

    3.   소피아 / 교실 / 안

        <u>소피아는 교실 안에 있어요.</u>

    4.   부모님 방 / 안 / 텔레비전

        <u>부모님께서 방안에너 텔레비전</u>

    5.   운동장 / 기숙사 / 뒤

        _____.

    6.   우체국 / 앞 / 한국 식당

        _____.

    7.   책상 / 밑 / 가방

        _____.

    8.   도서관 / 기숙사 / 옆

        _____.

E. Choose a verb or an adjective from the box below and complete the sentence using the ~어/아요 form. Use each word only once.

공부하다	만나다	맛있다	많다	보다	아니다	예쁘다	이다	읽다	크다

    1.   제 룸메이트는 한국 사람 _____.

2.   수지는 미국사람이 _____.

3.   한국어 수업에 학생이 _____.

4.   형은 주말에 보통 책을 _____.

5.   한국 음식은 아주 _____.

6.   제 누나는 정치학을 _____.

7.   유미는 텔레비전을 _____.

8.   내일 친구를 _____.

9.   여동생 가방이 참 _____.

10.   제 친구 방이 _____.

F. Choose a verb or an adjective from the box below and complete the sentences using the ~어/아요 or ~(으)세요 form. Use each word only once.

| 배우다   마시다   좋다   보다   지내다   안녕하다   앉다   하다 |

(Linda sees her teacher entering the cafeteria.)

린다: 선생님, (1) _____?

         요즘 어떻게 (2) _____?

선생님: 잘 지내요. 린다 씨는 어때요?

린다: 저도 잘 지내요. 한국어 수업이 아주(3) _____.

         그리고 테니스도 (4) _____.

린다: 선생님, 여기 (5) _____ (The teacher sits down.)

선생님: 린다 씨, 지금 뭐 6) _____?

린다: 신문 (newspaper) (7) _____. 그리고 커피

(8) _____.

G. Fill in the blanks with numbers and counters in Korean.

1.   아파트에 방이 _____(3) 있어요.

2.   리사 집에 개가 _____ (5) 있어요.

3.   가방 안에 책이 _____ (8) 있어요.

4.   소피아는 _____ (freshman)이에요.

5.   책방이 빌딩 _____ (16th floor)에 있어요.

6.   방 안에 사람이 _____ (20) 있어요.

H. Answer the following questions in Korean.

1.   이름이 뭐예요?

_____.

2.   집이 어디예요?

_____.

3.   학교 캠퍼스에 뭐가 있어요?

_____.

4.   한국어 수업에 학생이 몇 명 있어요?

_____.

5.   한국어 교실은 몇 층에 있어요?

_____.

6.   교실에 의자가 몇 개 있어요?

_____.

7.   한국어 수업이 어때요?

_____.

8.   지금 몇 학년이에요?

_____.

9.   요즘 뭐를 공부하세요?

_____.

10.   오늘 뭐 하세요?

_____.

I. Translate the following sentences into Korean.

1.   Where are your parents?

_____.

2.   I have two younger brothers.

_____.

3.   My friend is Chinese.

_____.

4.   Do you eat breakfast every day?

_____.

5.　How are you doing these days?

　　_____.

6.　Whose dictionary is this?

　　_____.

7.　Youmee's older sister is a graduate student.

　　_____.

8.　Michael's older brother studies history and biology.

　　_____.

9.　The restaurant food does not taste good. And it is expensive.

　　_____.

10.　The economics teacher is very nice. But there is a lot of homework.

　　_____.

J. Crossword puzzle 1.

Across

2. dormitory
4. to be thankful (dictionary form)
5. father
7. junior
9. to be big (dictionary form)
10. very, really
11. 4th floor
13. to give (polite ending ~어요/아요)
14. economics
15. only one (native number)
18. to be cheap (polite ending ~어요/아요)
19. to be bad (polite ending ~어요/아요)
20. to drink (polite ending ~어요/아요)
21. who
23. mother

Down

1. to know (polite ending ~어요/아요)
3. to do homework (dictionary form)
4. high school student
6. now
8. to be many, much (polite ending ~어요/아요)
11. senior
12. to meet (honorific ending ~으세요)
16. to be expensive (polite ending ~어요/아요)
17. four (animal)
21. the older sister of a male
22. the older sister of a female

K. Crossword puzzle 2.

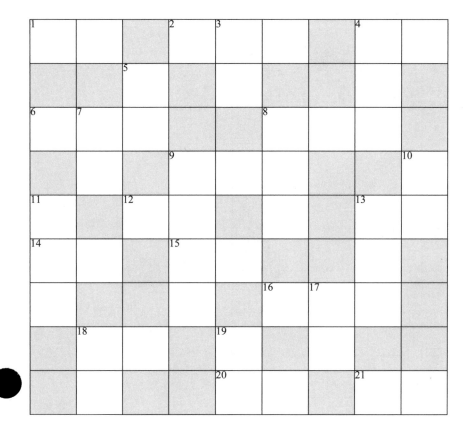

Across

1. three people
2. to be, stay *hon.* (dictionary form)
4. classroom
6. to work (dictionary form)
8. so, therefore
9. one (animal)
12. China
13. woman
14. three (book)
15. dictionary
16. college student
18. morning
20. name
21. where

Down

3. watch
4. textbook
5. to eat (dictionary form)
7. and (with nouns)
8. and
9. Korean person
10. man
11. to go (honorific ending ~으세요)
13. younger sister
17. school
18. nine (native number)
19. relationship; between

L. Crossword puzzle 3.

Across

1. the back, behind
5. teacher
7. umbrella
8. to be small in size (dictionary form)
9. to be not delicious (dictionary form)
10. freshman
12. to be spacious, wide (polite ending ~어요/아요)
13. to be how (polite ending ~어요/아요)
16. to be delicious (dictionary form)
19. every day

Down

2. parents
3. to learn (dictionary form)
4. to be uninteresting (polite ending ~어요/아요)
6. biology
10. the Japanese language
11. to come (polite ending ~어요/아요)
14. these days
15. to sit (dictionary form)
17. to be, to stay (dictionary form)
18. tomorrow

A. Fill in the blanks with the most appropriate particle from the box.

이/가   은/는   을/를   에   에서   까지   (으)로

1. A: 몇 시__에__ 수업이 있어요?

   B: 10 시__에__ 있어요.

2. A: 교실__은__ 어디 있어요?

   B: 이스트홀__에__ 있어요.

3. 저__는__ 학교에 버스__로__ 와요.

4. 수업 시간__은__ 한국어__로__ 말하세요.

5. 민수는 책을 사러 서점__에__ 가요.

   그리고 서점__에서__ 친구도 만나요

6. 소피아는 학교 앞 기숙사__에서__ 살아요.

7. 한국 노래__를__ 좋아해요.

8. 우체국은 여기서 오른쪽__로__ 가세요.

9. 약국__에서__ 슈퍼__까지__ 걸어서 5분 걸려요.

10. 지하철_____ 타고 은행 앞_____ 내리세요.

B. Fill in the blanks with appropriate numbers and counters.

1. 극장이 ____팔____ ____층____ (8th floor)에 있어요.

2.   식당 안에 사람이 ___스물다섯 명___ (25 people) 있었어요.

3.   어제 ___여섯 시간___ (6 hours) 잤어요.

4.   기숙사에서 도서관까지 ___십오분___ (15 minutes) 걸려요.

5.   지금은 오후 ___세시 오십구분___ (3:59)이에요.

6.   집에 책이 ___아흔 권___ (100 volumes) 있어요.

7.   오늘 수업이 ___네 과목___ (4 courses) 있어요.

C. Fill in the [   ] with appropriate time expressions.

1. 그제 – 어제 – 오늘 – [내일   ] – 모레

2. 재재넘 – [자닌   ] – 올해 – [다음 년   ] – 후년

3.   지난 주말 – [이번 주말   ] – 다음 주말

4.   봄 – [여름   ] – 가을 – [겨울   ]

5.   월요일 – [화요일   ] – 수요일 – [목요일   ] – 금요일 –

     [토요일   ] – 일요일

D. Write the corresponding place name for each picture as in 1.

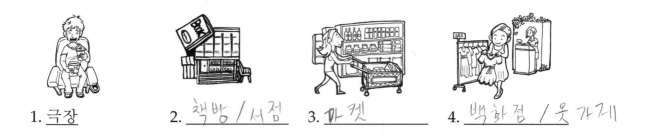

1. 극장   2. 책방 / 서점   3. 마켓   4. 백화점 / 옷 가게

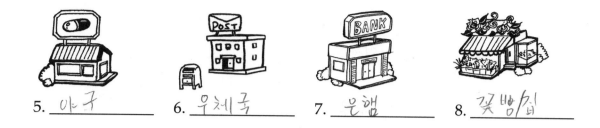

5. _아구_   6. _우체국_   7. _은행_   8. _꽃밤집_

E. Fill in the blanks with an appropriate adverb from the box below. Use each adverb only once.

가끔 같이 보통 매일 서로 아마 잘 정말 쯤

1. 한인 타운에 __가끔__ 가요. 그래서 한국 음식을 자주 못 먹어요.

2. 은행에서 꽃집까지 차로 10 분__쯤__ 걸려요.

3. 마크는 __매일__ 수업이 있어요. 그래서 학교에 매일 와요.

4. 소피아는 __보통__ 12 시에 자요. 그런데 어제는 9 시에 잤어요.

5. 한국 TV 드라마가 __정말__ 재미있어요. 그래서 자주 봐요.

6. 날씨가 흐려요. __아마__ 비가 올 거예요.

7. 마크는 중국어를 __잘__ 못 해요. 그런데 일본어는 조금 해요.

8. 동수하고 동수 형은 아주 바빠요. 그래서 __서로__ 자주 못 만나요.

9. 형하고 이번 주말에 오래간만에 저녁을 __같이__ 먹을 거예요.

F. Fill in the blanks with an appropriate word from the box.

누가 누구 무슨 뭐 왜 어느 어디 어떻게 언제 얼마나

1. A: 전공이 __뭐__ 예요?

    B: 정치학이에요.

2.   A: 한국어 선생님이 ___누구___세요?

    B: 이민수 선생님이세요.

3.   A: 오늘 ___무슨___ 요일이에요?

    B: 화요일이에요.

4.   A: 학교에서 집까지 ___얼마나___ 걸려요?

    B: 10분 걸려요.

5.   A: 어제 파티에 ___왜___ 안 왔어요?

    B: 바빴어요. 그래서 못 왔어요.

6.   A: 요즘 ___어떻게___ 지냈어요?

    B: 잘 지냈어요.

7.   A: ___누가___ 제니예요?

    B: 저기 저 사람이 제니예요.

8.   A: ___언제___ 한국에서 왔어요?

    B: 지난 토요일에 왔어요.

G. Complete the table below.

Dictionary form	Meaning	Present (-어/아요)	Past (-었/았/ㅆ어요)	Future (-(으)ㄹ거예요)
타다	to ride	타요	탔아요	탈 지예요
덥다	hot	더워요	더웠어요	더울 거예요
살다	to live	살아요	살았어요	살 거예요
일어나다	to wake up	일어나요	일어났어요	일어날 거예요
듣다	to listen	들어요	들었어요	들을 거예요

받다	받아요 *(to receive)*	받아요	받았어요	받을 거예요
보내다	to spend time	보내요	보냈어요	보낼 거예요
청소하다	청소 clean	청소해요	청소했어요	청소할 거예요
따뜻하다		따뜻해요	따뜻했어요	따뜻할 거예요

H. Fill in the blanks with an appropriate verb from the box below. Use the appropriate tense (present, past, future).

걷다 걸다 내리다 보내다 보다 준비하다 여행가다 청소하다 축하하다 차다 타다

1. 집에서 슈퍼까지 __걸어__ 서 10분 걸려요.

2. 저는 주말에 테니스 __치__ 러 테니스장에 갔어요.

3. 내년 여름 방학에는 한국에 __여행 갈 거예요__.

4. 스티브는 부모님께 자주 전화를 __걸어요__.

5. 여기서 지하철 3호선을 __타요__.

    그리고 시청역에서 __내리세요__.

6. 제니 씨, 생일 __축하해요__!

7. 어제 슈퍼에서 장을 많이 __봐요__.

8. 다음 파티에는 여러 음식을 __준비해요__.

9. 지난 주말에 가족들하고 오래간만에 시간을 __보냈어요__.

10. 지난 토요일에 마이클은 집에서 설거지하고 __청소했어요__.

I. Circle the correct form in each [　].

1. A: 민지 씨는 선생님[이세요, 세요]?

    B: 아니요, 저는 학생[예요, 이에요, 이세요].

2. 어제 경제학 시험이 아주 [어렵어요, 어려워요, 어려왔어요, 어려웠어요].

3. 우리 할머니는 하와이에 [사세요, 사시세요, 살세요, 살으세요].

4. 어제가 크리스마스[였어요, 이었어요, 이였어요].

5. 저는 보통 월요일에는 [안 수영해요, 수영 안 해요, 수영 않 해요].

6. 저는 학교에 [지하철으로, 지하철로, 지하철러] 가요.

7. [이, 이건, 이걸] 누구 가방이에요?

8. 여기서 초등학교까지 아주 [멀읍니다, 멀습니다, 멉습니다, 멉니다].

9. 오늘 집에서 음식을 [만들, 만들을, 만드] 거예요.

10. 저는 매일 한국 음악을 [듣어요, 들어요, 들러요].

11. A: 오늘 역사 시험 없어요?

    B: [네, 아니요] 없어요.

12. 지난 학기에 수지는 한국어를 [듣고, 들고, 들었고, 들었고]
    수지 언니는 중국어를 들었습니다.

● J. Interview: You are having an interview with a professor in Korea. Answer the following questions using the deferential style ~습니다/ㅂ니다.

선생님   학생

1. 이름이 뭐예요?   _____

2. 전공이 뭐예요?   _____

3. 지금 어디서 살아요?   _____

4. 집에서 학교까지 멀어요?   _____

5. 이번 학기에 몇 과목을 들어요?   _____

6. 보통 학교에 몇시에 와요?   _____

7. 주말에 보통 뭐 해요?   _____

● 8. 오늘 날씨가 어때요?   _____

9. 무슨 운동을 좋아해요?   _____

10. 언제 한국에 갈 거예요?   _____

K. Answer the following questions in Korean.

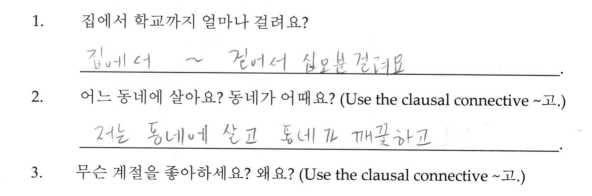

1.   집에서 학교까지 얼마나 걸려요?

집에서 ~ 걸어서 십오분 걸려요 .

2.   어느 동네에 살아요? 동네가 어때요? (Use the clausal connective ~고.)

저는 동네에 살고 동네가 깨끗하고 .

3.   무슨 계절을 좋아하세요? 왜요? (Use the clausal connective ~고.)

●   _____ .

4.   이번 학기에 몇 과목을 들어요? 어느 과목이 재미있어요?

_____.

5.   이번 여름 방학에 뭐 할 거예요? (Use the clausal connective ~고.)

_____.

L. Translate the following sentences into Korean.

1.   My neighborhood is quiet and clean.

제_____.

2.   Steve works at a bookstore nearby home.

_____.

3.   Last quarter, I took four courses. So I was really busy.

지난 반 학기에 저는 네 수업을 들~ 그래서 저는 정말 바빴어요 .
들었어요

4.   Isn't the weather in Seoul really nice?

기요? _____.

5.   Last summer, Mark went to Korea to teach English, and Susan went to Korea to learn Korean.

지난 여름에 마크 영어를 가그치러 한국에   가 고 Susan 배우러 한국에
한국어를   갔어

6.   Jenny usually plays tennis at the park with Sophia.

제니
Jenny 는 서피아 학고 같이 테니스를 보통 쳐요.
보통 공원에서

7.   Excuse me, may I ask you something?

_____.

8.   Yumi doesn't know how to swim. But she knows how to play tennis.

유미는 무영을 안파요. 그래서 테니스를
몰라요.

9. ✓   The flower shop is across from the bank, and the theater is next to the drugstore.

_____

_____.

10.   Sophia usually wakes up at 7:00. But this morning, she woke up at 8:00. So she could not have breakfast.

소피아는 보통 일곱시에 일어나요. 그런데 오늘 아침에 여덟시에 일어나요. 그래서 아침을 못 먹었어요.

M. Crossword puzzle 1

Across

1. to prepare (dictionary form)
4. together
6. to work (deferential style ____ㅂ니다.)
7. music
8. here
9. there (near the hearer)
10. to work (probability ___ 거예요.)
12. (subway) line number two
14. (one) day
15. number five
18. up to the station
19. left side
20. Thursday
22. each other
23. to get off (polite ending ~어요/아요, past)
25. really
27. to be close, near (seeking agreemt. ~지요?)

Down

2. airplane
3. next
5. to talk, chat (dictionary form)
6. Sunday
8. summer
11. grandfather
12. this time
13. present, gift
15. right side
16. course, subject
17. eleven minutes
18. at (or from) the station
21. to write (polite ending ~어요/아요, past)
23. next year
24. to be far (seeking agreement ~지요?)
26. to speak (dictionary form)
27. sometimes, occasionally

● N. Crossword puzzle 2

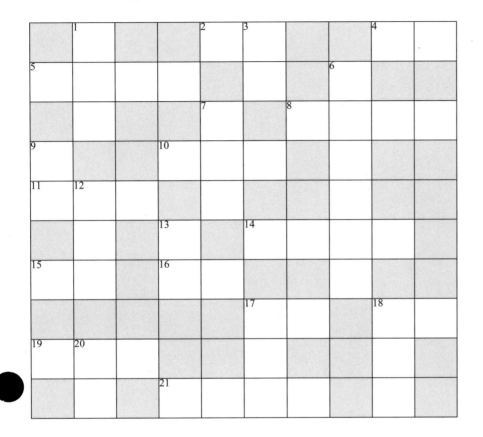

Across

2. weekend
4. cousin
5. to teach (dictionary form)
8. to be thankful (dictionary form)
10. to take [time] (polite ending ~어요/아요)
11. to buy one' groceries (dictionary form)
14. How much is it?
15. to live (dictionary form)
16. often, frequently
17. three (items)
18. autumn, fall
19. swimming pool
21. for the first time in a while

Down

1. to not know (dictionary form)
3. speech, words *hon.*
6. to be + doctor (probability ~을/ㄹ 거예요)
7. to be cloudy (polite ending ~어요/아요)
9. movie theater
12. to spend time (dictionary form)
13. chair
17. three hours
18. the middle, center
20. movie

O. Crossword puzzle 3

Across

2. bookstore
3. to be clean (polite ending ~어요/아요)
4. drugstore
5. seven o'clock
7. to clean (dictionary form)
8. alone
10. map
11. major
13. semester
15. which
16. by the way
17. travel
18. when
19. why
20. to walk (purpose ~으러)

Down

1. Friday
2. Seoul City Hall
4. to promise (dictionary form)
6. to be pretty (seeking agreement ~지요?)
9. bicycle
12. over there
14. bank
15. yesterday
17. many, several